博雅国际汉语精品教材
北大版长期进修汉语教材

博雅汉语听说·高级飞翔篇 II

Boya Chinese
Listening and Speaking (Advanced) II

李晓琪　主编
祖人植　任雪梅　编著

北京大学出版社
PEKING UNIVERSITY PRESS

图书在版编目(CIP)数据

博雅汉语听说. 高级飞翔篇. Ⅱ/祖人植，任雪梅编著. —北京：北京大学出版社，2020.4
北大版长期进修汉语教材
ISBN 978-7-301-30856-1

Ⅰ.①博… Ⅱ.①祖…②任… Ⅲ.①汉语—听说教学—对外汉语教学—教材 Ⅳ.①H195.4

中国版本图书馆CIP数据核字（2019）第225116号

书　　　名	博雅汉语听说·高级飞翔篇Ⅱ BOYA HANYU TINGSHUO·GAOJI FEIXIANG PIAN Ⅱ
著作责任者	祖人植　任雪梅　编著
责任编辑	任　蕾
标准书号	ISBN 978-7-301-30856-1
出版发行	北京大学出版社
地　　　址	北京市海淀区成府路205号　100871
网　　　址	http://www.pup.cn　　新浪微博：@北京大学出版社
电子信箱	zpup@pup.cn
电　　　话	邮购部 010-62752015　发行部 010-62750672　编辑部 010-62753334
印　刷　者	北京宏伟双华印刷有限公司
经　销　者	新华书店
	889毫米×1194毫米　大16开本　12印张　338千字 2020年4月第1版　2022年1月第2次印刷
定　　　价	75.00元（含课本、听力文本及参考答案）

未经许可，不得以任何方式复制或抄袭本书之部分或全部内容。
版权所有，侵权必究
举报电话：010-62752024　电子信箱：fd@pup.pku.edu.cn
图书如有印装质量问题，请与出版部联系，电话：010-62756370

前　言

　　"听、说、读、写"是第二语言学习者必备的四项语言技能，全面掌握了这四项技能，就能够实现语言学习的最终目标——运用语言自由地进行交际。为实现这一目的，自20世纪中后期起，从事汉语教学工作的教材编写者们在综合教材之外，分别编写了听力教材、口语教材、阅读教材和写作教材，这对提高学习者的"听、说、读、写"四项语言技能起到了至关重要的作用。不过，由于各教材之间缺乏总体设计，各位编者各自为政，产生的结果就是教材主题比较零散，词汇和语言点数量偏多，重现率偏低。这直接影响到教学效果，也不符合第二语言学习规律和现代外语教学原则。21世纪以来，听说教材和读写教材开始出现，且以中级听说教材和中级读写教材为主，这是教材编写的新现象。

　　本套系列教材突破已有教材编写的局限，根据语言教学和语言习得的基本原则，将听力教学和口语教学相结合，编写听说教材9册，将阅读教学和写作教学相结合，编写读写教材6册，定名为《博雅汉语听说》《博雅汉语读写》系列教材。这是汉语教材编写的一次有益尝试。为保证教材的科学性和有效性，在编写之前，编者们多次研讨，为每册教材定性（教材的语言技能性质）、定位（教材的语言水平级别）和定量（教材的话题、词汇和语言点数量），确保了教材设计的整体性和科学性。这符合现代外语教材编写思路和原则，也是本套教材编写必要性的集中体现。相信本套教材的出版，可为不同层次的学习者（从初级到高级）学习和掌握汉语的听说、读写技能提供切实的帮助，可为不同院校的听说课程和读写课程提供突出语言功能的成系列的好用教材。

　　还要说明的是，早在2004年，北京大学对外汉语教育学院的一些教师已经陆续编写和出版了《博雅汉语》综合系列教材，共9册。该套教材十余年来受到使用者的普遍欢迎，并获得北京大学2016年优秀教材奖。2014年，该套教材根据使用者的需求进行了修订。本次编写的《博雅汉语听说》《博雅汉语读写》系列教材与《博雅汉语》综合系列教材成龙配套，形成互补（听说9册与综合9册对应，读写分为初、中、高三个级别，也与综合教材对应）和多维度的立体结构。无论是从教材本身的体系来看，还是从出版的角度来说，同类系列汉语教材这样设计的还不多见，《博雅汉语》和《博雅汉语听说》《博雅汉语读写》系列教材的出版开创了汉语教材的新局面。

本套教材（听说系列、读写系列）的独特之处有以下几点：

1. 编写思路新，与国际先进教学理念接轨

随着中国国际地位的提高，世界各国、各地区学习汉语的人越来越多，汉语教学方兴未艾，编写合适的汉语系列教材是时代的呼唤。目前世界各地编写的汉语教材数量众多，但是很多教材缺乏理论指导，缺乏内在的有机联系，没有成龙配套，这不利于汉语教学的有效开展。国内外汉语教学界急需有第二语言教学最新理论指导的、有内在有机联系的、配套成龙的系列教材。本套系列教材正是在此需求下应运而生，它的独到之处主要体现在编写理念上。

第二语言的学习，在不同的学习阶段有不同的学习目标和特点，因此《博雅汉语听说》《博雅汉语读写》系列教材的编写既遵循了汉语教材的一般性编写原则，也充分考虑到各阶段的特点，较好地体现了各自的特色和目标。两套教材侧重不同，分别突出听说教材的特色和读写教材的特色。前者注重听说能力的训练，在过去已有教材的基础上有新的突破；后者注重读写能力的训练，特别重视模仿能力的培养。茅盾先生说："模仿是创造的第一步。"行为主义心理学也提出"模仿"是人类学习不可逾越的阶段。这一思想始终贯穿于整套教材之中。说和写，都从模仿开始，模仿听的内容，模仿读的片段，通过模仿形成习惯，以达到掌握和创新。如读写教材，以阅读文本为基础，阅读后即引导学习者概括本段阅读的相关要素（话题、词语与句式），在此基础上再进行拓展性学习，引入与文本话题相关的词语和句式表达，使得阅读与写作有机地贯通起来，有目的、有计划、有步骤、有梯度地帮助学生进行阅读与写作的学习和训练。这一做法在目前的教材中还不多见。

2. 教材内容突出人类共通文化

语言是文化的载体，也是文化密不可分的一部分，语言受到文化的影响而直接反映文化。为在教材中全面体现中华文化的精髓，又突出人类的共通文化，本套教材在教学文本的选择上花了大力气。其中首先是话题的确定，从初级到高级采取不同方法。初级以围绕人类共通的日常生活话题（问候、介绍、饮食、旅行、购物、运动、娱乐等）为主，作者或自编，或改编，形成初级阶段的听或读的文本内容。中级阶段，编写者以独特的视角，从人们日常生活中的喜怒哀乐出发，逐渐将话题拓展到对人际、人生、大自然、环境、社会、习俗、文化等方面的深入思考，其中涉及中国古今的不同，还讨论到东西文化的差异，视野开阔，见解深刻，使学习者在快乐的语言学习过程中，受到中国文化潜移默化的熏陶。高级阶段，以内容深刻、语言优美的原文为范文，重在体现人文精神、突出人类共通文化，让学习者凭借本阶段的学习，能够恰当地运用其中的词语和结构，能够自由地与交谈者交流自己的看法，能够自如地写下自己的观点和意见……最终能在汉语的天空中自由地飞翔。

3. 充分尊重语言学习规律

本套教材从功能角度都独立成册、成系列，在教学上完全可以独立使用；但同时又与综合教材配套呈现，主要体现在三个方面：

（1）与《博雅汉语》综合系列教材同步，每课的话题与综合系列教材基本吻合；

（2）词汇重合率在25%以上，初级阶段重合率在45%以上；

（3）语言知识点在重现的基础上有限拓展。

这样，初级阶段做到基本覆盖并重现综合教材的重要词语和语言点，中高级阶段，逐步加大难度，重点学习和训练表达任务与语言结构的联系和运用，与《博雅汉语》综合系列教材的内容形成互补循环。

配套呈现的作用是帮助学习者在不同的汉语水平阶段，各门课程所学习的语言知识（词语、句式）可以互补，同一话题的词语与句式在不同语境（"听、说、读、写"）中可以重现，可以融会贯通，这对学习者认识语言，同步提高语言"听说读写"四项技能有直接的帮助。

4. 练习设置的多样性和趣味性

练习设计是教材编写中的重要一环，也是本套教材不同于其他教材的特点之一。练习的设置除了遵循从机械性练习向交际练习过渡的基本原则外，还设置了较多的任务型练习，充分展示"做中学""练中学"的教学理念，使学习者在已有知识的基础上得到更深更广的收获。

还要特别强调的是，每课的教学内容也多以听说练习形式和阅读训练形式呈现，尽量减少教师的讲解，使得学习者在课堂上获得充分的新知识的输入与内化后的语言输出，以帮助学习者尽快掌握汉语"听、说、读、写"技能。这也是本套教材的另一个明显特点。

此外，教材中还设置了综合练习和多种形式的拓展训练，这些练习有些超出了本课听力或阅读所学内容，为的是让学习者在已有汉语水平的基础上自由发挥，有更大的提高。

综上，本套系列教材的总体设计起点高，视野广，既有全局观念，也关注每册的细节安排，并且注意学习和借鉴世界优秀第二语言学习教材的经验；参与本套系列教材的编写者均是具有丰富教学经验的优秀教师，多数已经在北京大学从事面向留学生的汉语教学工作超过20年，且有丰硕的科研成果。相信本套系列教材的出版将为正在世界范围内开展的汉语教学提供更大的方便，进一步推动该领域的学科建设向纵深发展，为汉语教材的百花园增添一支具有鲜明特色的花朵。

衷心感谢北京大学出版社的领导和汉语室的各位编辑，是他们的鼓励和支持，促进了本套教材顺利立项（2016年北京大学教材立项）和编写实施；是他们的辛勤耕作，保证了本套教材的设计时尚、大气、色彩及排版与时俱进，别具风格。

李晓琪
于北京大学蓝旗营

使用说明

本教材是《博雅汉语·高级飞翔篇Ⅱ》的配套听说教材,既可以同《博雅汉语·高级飞翔篇Ⅱ》配合使用,也可以作为听说教材单独使用。关于《博雅汉语》和《博雅汉语听说》系列教材之间的配套关系以及整套教材的总体编写思路,可以参看李晓琪老师撰写的《前言》,在此,我们谨就本教材的编写和使用做一些简要说明。

一、本教材共8课,每一课的话题、主要功能项目都与《博雅汉语·高级飞翔篇Ⅱ》相呼应,生词重合率在30%以上;每一课根据文本内容分为三个部分,第一部分和第二部分包括词语、听力练习、口语练习,第三部分是综合练习。全书配有《博雅汉语听说·高级飞翔Ⅱ 听力文本及参考答案》,以便学生对照学习和复习。

词语部分与《博雅汉语·高级飞翔篇Ⅱ》相重合的词语用*标出。

小册子《博雅汉语听说·高级飞翔Ⅱ 听力文本及参考答案》既给出了全部听力练习的参考答案,也给出了部分口语练习的参考答案。

本着听说领先于读写的原则,本教材的整体难度略低于《博雅汉语·高级飞翔篇Ⅱ》。

二、本教材以"支架式教学(Scaffolding Instruction)"理论为依托,通过对教学环节的设计,为学习者对知识的理解和建构提供一种概念框架。即把复杂的学习任务加以分解,从而达到把学习者对语言知识的理解和把握逐步引向深入的目标。具体而言,就是以话题、情境为纲,有意识有步骤地分解学习任务,由浅入深、由简单到复杂、由单项到综合,并辅以适当的"支架",引导学生逐步学习理解并掌握相关语言知识与技能。

三、基于这种思路,在设计听力部分的语言操练时,我们着重强调在把握和话题相关的知识的前提下,引导学生从抓住文本的大意入手,逐渐达到对文本的精细理解。因此,建议使用者在教学环节上可以进行重点不同的循环:抓住大意——注意细节——

把握难点。

同样，在设计口头表达部分的语言操练时，我们强调以本课提供的情境为基础，由局部到整体、由易到难来输出信息。因此，建议使用者以关键词、主题句为基础，进行重点不同的循环：句组（语块）——语段——相对完整的语篇。

四、语言与文化是密不可分的，对于高级水平的汉语学习者而言更是如此。为此，我们特意结合每课的主题设计了一个与文化相关的专题，即提供一组和中国某一文化现象有关的语汇，供学生理解与联想，以拓展相关知识和视野。教师可根据学生的水平与兴趣设计适当的交际任务，比如将学生分成若干组，根据学生的学习水平或词语的数量分配任务：1.查阅词语的意思；2.找出每组词语的相同点或相异点；3.体会其褒贬义或引申义；4.讨论其中所蕴含的文化因素；5.与自己国家的相关词语进行对比。使学生由点到面、由浅入深地加以理解和学习，感受和体会其中的韵味及内涵，以期通过对词语的学习加深对中国文化的了解。

诚挚地希望以上说明能对各位使用者有所助益。

祖人植　任雪梅

目录

第 1 课　天天都是好日子 ·· 1
　　第一部分 ·· 1
　　第二部分 ·· 6
　　综合练习 ·· 11

第 2 课　十个约定 ·· 13
　　第一部分 ·· 13
　　第二部分 ·· 19
　　综合练习 ·· 24

第 3 课　新词新语 ·· 27
　　第一部分 ·· 27
　　第二部分 ·· 33
　　综合练习 ·· 38

第 4 课　现代都市病 ··· 40
　　第一部分 ·· 40
　　第二部分 ·· 46
　　综合练习 ·· 51

第 5 课　婚姻大事 ·· 53
　　第一部分 ·· 53
　　第二部分 ·· 59
　　综合练习 ·· 64

第 6 课	明星的烦恼	66
	第一部分	66
	第二部分	72
	综合练习	77
第 7 课	蒙娜丽莎的微笑	79
	第一部分	79
	第二部分	85
	综合练习	90
第 8 课	做情感的主人	92
	第一部分	92
	第二部分	98
	综合练习	103
词语总表		105

第1课 天天都是好日子

听力录音

热身问题

1. 你觉得什么样的日子是好日子？
2. 什么是"如意"的事儿，什么是"不如意"的事儿，请举例说明。
3. 你认为人生中"如意"的事儿多还是"不如意"的事儿多，简单说明理由。
4. 你觉得性格乐观的人和性格悲观的人看待事情的角度有什么不同？

第一部分

 词语

1-1

1	免不了	miǎnbuliǎo	动	不能避免，一定会。
2	焦虑*	jiāolǜ	形	由于紧张或担心而不安。
3	天灾人祸	tiānzāi-rénhuò		自然的灾害和人为的祸患。
4	衰老	shuāilǎo	形	因年老体力精力衰弱。
5	微不足道*	wēibùzúdào		因为太微小而不值得说。
6	挫折	cuòzhé	名	指遇到的无法克服的困难或阻碍。
7	惶惑*	huánghuò	形	惶恐、疑惑。
8	无趣*	wúqù	形	没有意思或没有情趣。
9	突破*	tūpò	动	打开缺口、渡过难关。
10	潜在*	qiánzài	形	处于内部的、表面不显露的。
11	束缚*	shùfù	动	约束、制约。

12	哲人	zhérén	名	智慧卓越的人。
13	通常*	tōngcháng	形	一般的、惯常的。
14	寓言	yùyán	名	用比喻性的故事来说明道理的一种文学体裁。
15	女婿	nǚxu	名	女儿的丈夫。
16	染坊	rǎnfáng	名	染衣服、布等纺织物的地方。
17	长吁短叹	chángxū-duǎntàn		长一声短一声地叹息,形容发愁的样子。
18	浑身*	húnshēn	名	全身。
19	晾	liàng	动	把衣物等放在通风透气的地方使其变干。
20	颇为	pōwéi	副	很,程度高。
21	惊讶	jīngyà	形	吃惊。
22	原委	yuánwěi	名	事情的始末。
23	糊涂	hútu	形	脑子不清楚。
24	笑口常开	xiào kǒu cháng kāi		常常张开嘴笑,形容开心。

听力练习

一 听第一遍录音,回答问题

1. 作者认为人生如意的事儿多还是不如意的事儿多?
2. 作者认为不如意的主要原因是什么?
3. 老妈妈为什么天天发愁?
4. 后来老妈妈为什么又变得快快乐乐,笑口常开了?

二 听第二遍录音,选择正确答案

1. 谁是卖伞的商人?
   A. 大女儿　　　　　　B. 大女婿　　　　　　C. 二女儿
2. 老妈妈晴天不高兴的原因是_____。
   A. 衣服晒不干　　　　B. 没人买伞　　　　　C. 不能出门

第 1 课　天天都是好日子

3. 老妈妈衰老的原因是_____。
　　A. 年纪大了　　　　　　B. 天天发愁　　　　　C. 天天很劳累

4. 亲戚说老妈妈"糊涂"，是因为_____。
　　A. 她年纪太老了　　　　B. 她不聪明　　　　　C. 她不应该每天发愁

5. 人生"不如意事常八九"是说_____。
　　A. 人生不能事事如意　　B. 人生很痛苦　　　　C. 人生不快乐

三　根据录音，判断对错

1. 哲人的话意思是，痛苦是因为我们不认真思考问题。　　　　　（　　）
2. 老妈妈的二女婿在染坊工作。　　　　　　　　　　　　　　　（　　）
3. 以前老妈妈不管什么天气都发愁。　　　　　　　　　　　　　（　　）
4. 亲戚劝老妈妈换个角度看问题。　　　　　　　　　　　　　　（　　）
5. 老妈妈后来每天都很高兴是因为天天都是晴天。　　　　　　　（　　）

四　听录音，选择相应的词语

1-3

　　a. 言之有理　　　b. 长吁短叹　　　c. 笑口常开
　　d. 微不足道　　　e. 天灾人祸　　　f. 糊涂

1. _____　　2. _____　　3. _____
4. _____　　5. _____　　6. _____

五　根据录音填空

1-4

　　人生的_____中，无论是谁，都免不了遇到让自己_____烦恼的事情。不要说_____了，就算是疾病衰老，甚至是在别人看来_____的小小挫折，也会让人_____，感觉人生_____。所谓"_____"，说的就是人的一生中完全符合自己心意的事情实在是少之又少。那么，我们怎样才能_____这种现实和心理的潜在_____，更好地面对人生中的_____呢？

口语练习

一 用所给词语或句式改写句子或完成句子

1. **无论……都……**

   例 人生的旅途中，无论是谁，都免不了遇到让自己焦虑烦恼的事情。

   （1）他可能对你有偏见，你说什么，他都表示反对。

   _____。

   （2）锻炼身体贵在坚持，不管刮风还是下雨，我都坚持去锻炼。

   _____。

   （3）无论你多么聪明，_____

   _____。

   （4）无论遇到多大的困难，_____

   _____。

2. **不要说……就算是……**

   例 不要说天灾人祸了，就算是疾病衰老，甚至是在别人看来微不足道的小小挫折，也会让人惶惑，感觉人生无趣。

   （1）这种常识人人都知道，大学生不用说了，连小孩子也知道。

   _____。

   （2）我是乐盲，对音乐一窍不通，弹琴当然不会了，连唱歌都走调儿。

   _____。

   （3）他这个人特别无情，_____

   _____。

（4）他的汉语水平特别高，_____
_____。

3. 所谓

例 所谓"人生不如意事常八九"，说的就是人的一生中完全符合自己心意的事情实在是少之又少。

（1）我们说的"中国通"是指对中国文化特别了解，对汉语特别精通的外国人。
_____
_____。

（2）"上有天堂下有苏杭"，说的是苏州和杭州像天堂一样美。
_____
_____。

（3）所谓"天才"，_____
_____。

（4）"所谓"三人行必有我师"，_____
_____。

4. 不是……而是……

例 我们的痛苦不是因为问题本身，而是在于我们对这些问题的看法。

（1）他也想结婚，只是没有找到合适的对象罢了。
_____
_____。

（2）最近房价涨得厉害，我想买房子，可是实在买不起了。
_____
_____。

（3）我认为道路拥堵的原因，_____
_____。

（4）你这次考试成绩不太好，_____
_____。

二 根据提示回答问题

1. 什么事情让人惶惑或者感觉人生没有乐趣？
   （天灾人祸　微不足道）

2. 哲人的话是什么意思？
   （之所以……是因为……）

3. 你怎么理解老妈妈看起来浑身上下都是一个"愁"字？
   （担心　发愁　焦虑）

4. 老妈妈为什么认为亲戚的话"言之有理"？你怎么看？
   （阴天　晴天　天天）

三 分组讨论

1. 举例说明一两件最近让你焦虑烦恼的事情。
2. 你觉得应该如何面对天灾人祸？
3. 人生的酸甜苦辣是指什么？
4. 你认为什么样的人是哲人？
5. 请简单说明一下什么是寓言。

第二部分

词语

1-5

1	自尽	zìjìn	动	自杀。
2	蚂蚁	mǎyǐ	名	ant。
3	尚且*	shàngqiě	连	表示进一层，常与"何况"呼应；even。
4	珍惜	zhēnxī	动	珍视、爱惜。

5	自寻短见	zìxúnduǎnjiàn		自杀。
6	抛弃	pāoqì	动	扔掉不要。
7	沉吟	chényín	动	沉默迟疑，犹豫不决。
8	自由自在	zìyóu-zìzài		没有约束，自由随意。
9	自暴自弃	zìbào-zìqì		自己放弃自己，形容甘心落后，不求上进。
10	回心转意	huíxīn-zhuǎnyì		改变原来的想法和态度。
11	真谛	zhēndì	名	真实的道理或意义。
12	错觉	cuòjué	名	与实际事物不相符的知觉。
13	不妨	bùfáng	副	表示可以这样做，多用作建议。
14	处境*	chǔjìng	名	指所处的境地。
15	一笑了之*	yíxiàoliǎozhī		笑一笑就算了。

听力练习

一 听第一遍录音，回答问题

1. 那个少妇为什么要自杀？发生了什么事儿？
2. 两年前少妇的日子是什么样的？
3. 少妇后来又自杀了吗？为什么？
4. 我们应该怎么对待生活中的不如意？

二 听第二遍录音，选择正确答案

1. 少妇选择什么方式自杀？
   A. 跳楼　　B. 跳河　　C. 跳崖（yá）　　D. 跳车

2. 少妇的丈夫_____。
   A. 病死了　　B. 和她分手了　　C. 自杀了　　D. 不知去向了

3. 少妇听了农夫的话以后_____。
   A. 还想自杀　B. 回到了过去　C. 发现了自己　D. 认识了人生的意义

4. 所谓的困难与苦恼大部分是_____。
   A. 我们自己想象出来的　　　　B. 错误的经验
   C. 不正确的思考方法造成的　　D. 不存在的

5. 如果一个人认为天天都是好日子，很可能因为他_____。
   A. 事业成功　　　　　　　　　B. 情场失意
   C. 会换个角度看问题　　　　　D. 是一个爱笑的人

三 根据录音，判断对错

1. 少妇是被一个渔夫救起来的。　　　　　　　　　　　　　　（　　）
2. 少妇的孩子因病夭折了。　　　　　　　　　　　　　　　　（　　）
3. 少妇始终没有从不幸的生活中走出来。　　　　　　　　　　（　　）
4. 苦难与烦恼并不可怕，可怕的是我们对待它们的态度。　　　（　　）
5. 换一个角度看问题，人生就会很快乐。　　　　　　　　　　（　　）

四 听录音，选择相应的词语

a. 回心转意　　　b. 自寻短见　　　c. 自暴自弃
d. 自由自在　　　e. 情场失意　　　f. 一笑了之

1. _____　　2. _____　　3. _____
4. _____　　5. _____　　6. _____

五 根据录音填空

这个故事告诉我们，很多时候，所谓的_____大部分是自己错误的思考方法形成的一种_____，此时，_____跳出来，换个角度看看自己，看看自己的_____，这样当你面对事业失败、_____，以及人生中的种种不如意时，就会_____。换个角度_____自己，你也许就会觉得：在_____人生中，天天都是好日子！

第1课　天天都是好日子

口语练习

一、用所给词语或句式改写句子或完成句子

1. **尚且**

    例 蚂蚁尚且珍惜自己的性命，你又年轻又漂亮，为什么要自寻短见呢？

    （1）小乌鸦长大以后都会反过来哺养老乌鸦，人更应该孝顺老人。

    _____

    （2）他有钱的时候都不肯帮助别人，现在没钱了，更不会帮助别人了。

    _____

    （3）今天天气太热，在家里坐着尚且浑身是汗，_____

    _____

    （4）现在经济环境不太好，大学毕业后尚且找不到工作，_____

    _____

2. **只不过……而已**

    例 你只不过是回到了两年前而已。

    （1）在我看来吃营养品没什么特别的作用，只是一种自我安慰。

    _____

    （2）这款新车和老款相比没有太多变化，只是在外形和内饰上改进了一些。

    _____

    （3）他不是我的好朋友，_____

    _____

    （4）他能获得成功，主要是他自己的努力，_____

    _____

9

3. **不妨**

　　例 不妨跳出来，换个角度看看自己，看看自己的处境。

　（1）听说这种方法治疗失眠非常有用，你可以试试有没有效果。
　　　_____。

　（2）网上订票很方便，你也试试吧。
　　　_____。

　（3）既然你不放心他的为人，_____。

　（4）我知道你对现在的工作不满意，_____。

二 根据提示回答问题

1. 农夫为什么觉得少妇不该自寻短见？
   （尚且　又……又……）

2. 少妇自杀的原因是什么？
   （刚……就……　接着）

3. 少妇在后来的生活中发生了什么变化？
   （自暴自弃　无论……都……）

4. 面对困难和苦恼时我们应该怎样做？
   （所谓　不妨）

三 分组讨论

1. 你觉得什么人会自寻短见？
2. 自由自在、无忧无虑，这两个成语让你想到了什么？
3. 人什么时候会自暴自弃？

4. 什么是人生的真谛？
5. 什么事会让你产生错觉？

综合练习

一 参考提示词语和句式，分组接龙进行复述

1. 第一个故事
   从前有位……，大女婿……，二女婿……　　长吁短叹　　晴天　　阴天
   白了头　　一天，一位亲戚……　　原委　　糊涂　　阴天　　晴天
   天天　　言之有理　　笑口常开

2. 第二个故事
   一天傍晚，有位……　　农夫　　尚且　　又……又……　　自寻短见
   抛弃　　接着　　乐趣　　两年前　　自由自在　　无忧无虑
   只不过……而已　　自暴自弃　　无论……都……
   之所以……是因为……

二 小组活动

　　讲一个从不同角度看同一件事情的故事。然后大家推选一个最有启发的故事在班上讲述。

三 讨论

1. 人生不如意事常八九。
2. 我们的痛苦不是由于问题本身，而是在于我们对这些问题的看法。
你认为上述两句话有没有道理，请列举理由，并举例说明。
要求：至少运用本课所学的5个词语，2个句式，时间3分钟。

四 成段表达

词语与文化（1）：味道

要求：试着说出以下词语所表达的意思，并把你的发现概括总结出来，和同学进行交流。

酸甜苦辣咸　五味杂陈

酸：心酸　　吃醋　　辛酸　　寒酸　　酸溜溜　　醋坛子　　穷酸相
　　腰酸背痛　　尖酸刻薄　　（眼睛/鼻子/胳膊/腿）发酸

甜：嘴甜　　甜蜜蜜　　笑得很甜　　甜言蜜语　　忆苦思甜
　　口蜜腹剑　　先苦后甜　　苦尽甘来　　甜蜜的日子
　　蜜罐子里长大的

苦：苦笑　　吃苦　　命苦　　艰苦　　辛苦　　苦哈哈　　苦孩子
　　苦肉计　　愁眉苦脸　　苦口婆心　　良药苦口　　苦中作乐
　　千辛万苦　　不胜其苦　　冥思苦想　　同甘共苦　　叫苦连天
　　含辛茹苦

辣：泼辣　　毒辣　　辣妹子　　吃香喝辣　　心狠手辣　　阴险毒辣
　　火辣辣（的身材）

咸：咸丝丝　　咸猪手　　不咸不淡

第2课 十个约定

听力录音

热身问题

1. 你养过小动物吗？比如狗、猫等。
2. 你喜欢什么动物？为什么？
3. 你认为人和动物是什么关系？
4. 如果你是动物，你想对人类说些什么？

第一部分

词语

2-1

1	约定	yuēdìng	动	商量好而确定。
2	煽情	shānqíng	动	通过某种方式激发别人的感情。
3	泛滥	fànlàn	动	原指江河水溢出，淹没土地；比喻坏的事物流行开来。
4	心灵	xīnlíng	名	思想感情，也指人的意识、精神。
5	轰炸	hōngzhà	动	特指在空中用炸弹攻击，比喻在短时间内大量集中地宣传推广、说明教育等。
6	日渐*	rìjiàn	副	一天一天慢慢地。
7	麻木	mámù	形	肢体失去知觉；思想迟钝、不灵敏。
8	冷漠*	lěngmò	形	冷淡、不关心。
9	另辟蹊径	lìngpìxījìng		另外开辟一条路径。课文中指另外一个角度。
10	乌溜溜	wūliūliū	形	眼睛黑亮、灵活。

11	毛茸茸	máoróngróng	形	细毛丛生的样子。
12	爪子*	zhuǎzi	名	动物有尖甲的脚。
13	活蹦乱跳*	huóbèng-luàntiào		形容健康活泼,生命力旺盛。
14	鬈毛*	quánmáo	名	动物卷曲的毛。
15	镜头	jìngtóu	名	照相机等的透镜;一个画面。
16	天真无邪	tiānzhēnwúxié		心地单纯,性情直率。
17	打动	dǎdòng	动	使人感动。
18	耐心	nàixīn	形	有耐性,不厌烦。
19	玩耍	wánshuǎ	动	做轻松快乐的活动、游戏。
20	陪伴	péibàn	动	陪同做伴儿。
21	口吻	kǒuwěn	名	某种口气;口音或腔调。
22	表述	biǎoshù	动	表达、叙述,说明某事。
23	戒	jiè	动	戒除、放弃原来的某种嗜好或不良习惯。
24	互联网	hùliánwǎng	名	internet。
25	传颂	chuánsòng	动	传播、赞扬。
26	默默	mòmò	副	不说话,不发出声音。
27	立场	lìchǎng	名	对某个问题的观点和态度。
28	臆想	yìxiǎng	动	主观想象,没有现实依据。
29	洋溢	yángyì	动	充满、弥漫。
30	最为*	zuìwéi	副	表示程度最高。
31	触动	chùdòng	动	触碰、打动;因某种刺激而引起感情变化。

听力练习

2-2

一 听第一遍录音,回答问题

1. 《狗狗与我的十个约定》大概是关于什么内容的影片?
2. "狗十戒"中你印象最深的是哪一条?
3. "狗十戒"是狗狗说的话吗?
4. "狗十戒"为什么流传很广?

第 2 课　十个约定

二 听第二遍录音，选择正确答案

1. 人们的心灵被什么轰炸得日渐麻木和冷漠？
   A. 动物片　　　　B. 煽情片　　　　C. 恐怖片　　　　D. 浪漫片

2. 狗能打动人心是因为_____。
   A. 有乌溜溜的眼睛　　　　B. 有天真无邪的表情
   C. 有毛茸茸的爪子　　　　D. 有让人感动的言语

3. "狗十戒"是_____。
   A. 狗的愿望　　　　　　　B. 狗说的话
   C. 狗主人的想象　　　　　D. 狗应该遵守的规则

4. "狗十戒"是通过什么流传开来的？
   A. 电影　　　　B. 电视　　　　C. 报纸　　　　D. 互联网

5. 为什么狗会说"别和我打架"？
   A. 因为它不喜欢打架　　　　B. 因为它打不过主人
   C. 因为主人打不过它　　　　D. 因为打架伤感情

三 根据录音，判断对错

1. 人们对现代煽情影片感到麻木。（　　）
2. 《狗狗与我的十个约定》的内容和以前的动物影片大同小异。（　　）
3. "狗十戒"是由欧美传到日本的。（　　）
4. 只有快乐的时候，狗才会在我们身边陪伴我们。（　　）
5. "狗十戒"是狗主人对狗的愿望的一种猜测。（　　）

四 听录音，选择相应的词语

a. 活蹦乱跳　　b. 天真无邪　　c. 广为传颂
d. 日渐麻木　　e. 煽情片　　　f. 另辟蹊径

1. _____　　2. _____　　3. _____
4. _____　　5. _____　　6. _____

五 根据录音填空

这是用狗的_____表述的狗对主人的十个愿望,人称"狗十戒"。大约从20世纪90年代开始,"狗十戒"逐渐在互联网上_____开来,_____是欧美,接着又传到了日本,在爱狗者之间_____。无论是快乐还是_____,狗都默默地陪伴在我们身边。如果它会说话,它将说些什么呢?如果它有_____,那又会是什么呢?当然,"狗十戒"只是_____的主人站在宠物的立场上的一种_____,然而这些简单的词句所_____着的温暖和深情,却最为_____人心。

口语练习

一 用所给词语或句式改写句子或完成句子

1. **日渐**

   例 各种各样的煽情片泛滥,把人们的心灵轰炸得日渐麻木和冷漠,而日本电影《狗狗与我的十个约定》则另辟蹊径。

   (1)随着国际大片的引入和国产电影的异军突起,中国的电影市场越来越繁荣。

   _____
   _____。

   (2)这个地区由于持续干旱少雨,农作物一天比一天枯萎。

   _____
   _____。

   (3)金融危机的影响波及全球,_____
   _____。

   (4)父亲的病情不断加重,_____
   _____。

第 2 课　十个约定

2. 而……则……
   例 各种各样的煽情片泛滥，把人们的心灵轰炸得日渐麻木和冷漠，而日本电影《狗狗与我的十个约定》则另辟蹊径。

   （1）隆冬时节，北方寒风凛冽，大雪纷飞，可是南方还是温暖如春。
   ＿＿＿＿＿＿＿＿＿＿＿＿＿＿＿＿＿＿＿＿＿＿＿＿＿＿＿＿＿＿＿＿。

   （2）离婚对感情已经破裂的当事人来说是一种解脱，可是对孩子却是一种灾难。
   ＿＿＿＿＿＿＿＿＿＿＿＿＿＿＿＿＿＿＿＿＿＿＿＿＿＿＿＿＿＿＿＿。

   （3）男女在择偶标准上存在差别，女生注重的是才能和经济实力，＿＿＿＿＿＿＿＿＿＿＿＿＿＿＿＿＿＿＿＿＿＿＿＿＿＿＿＿＿＿＿＿＿＿＿。

   （4）"朱门酒肉臭，路有冻死骨"说的是，＿＿＿＿＿＿＿＿＿＿＿＿＿＿＿＿。

3. 最初……接着……
   例 "狗十戒"逐渐在互联网上流传开来，最初是欧美，接着又传到了日本，在爱狗者之间广为传颂。

   （1）对于这么轻易到手的好处，我开始时感到很兴奋，接下来又感到怀疑，世上哪儿有这样的好事儿？
   ＿＿＿＿＿＿＿＿＿＿＿＿＿＿＿＿＿＿＿＿＿＿＿＿＿＿＿＿＿＿＿＿。

   （2）这次流感开始是在南美洲爆发，后来扩散到世界各地。
   ＿＿＿＿＿＿＿＿＿＿＿＿＿＿＿＿＿＿＿＿＿＿＿＿＿＿＿＿＿＿＿＿。

   （3）接到骗子的诈骗电话后，老奶奶＿＿＿。

   （4）他拿着如此糟糕的成绩单，＿＿＿。

4. 当然……然而……
   例 当然，"狗十戒"只是宠物的主人站在宠物立场上的一种臆想，然而这些简单的词句所洋溢着的温暖和深情，却最为触动人心。

17

（1）他张口骂人不对，你动手打人就对吗？
_____
_____?

（2）年轻人缺乏经验，容易犯错误，可是他们有冲劲儿，有想法，应该给他们提供更多施展才能的机会。
_____
_____。

（3）作为一名优秀的球员，他的实力当然很重要，_____
_____。

（4）吃素对身体当然有好处，_____
_____。

二 根据提示回答问题

1. 为什么《狗狗与我的十个约定》能触动现代人的心？
   （当今　麻木　另辟蹊径　天真无邪）

2. 请说出《狗狗与我的十个约定》中的几条。
   （耐心　相信　玩耍　有心　打架　不听话　只有你　最好的朋友　尽量在一起　珍惜　陪伴）

3. "狗十戒"是怎样流传开来的？
   （最初　接着　互联网　广为传颂）

4. "狗十戒"为什么会流行？
   （无论……都……　臆想）

三 分组讨论

1. 你对煽情片怎么看？
2. "狗十戒"中你认为哪一条是狗狗最想说的？为什么？
3. "狗十戒"中最打动你的是哪一条？
4. 除了"狗十戒"以外，你有没有想补充的？

第2课　十个约定

第二部分

词语

2-5

1	讲述	jiǎngshù	动	把事情讲出来；述说。
2	慈爱	cí'ài	形	指长辈对晚辈的爱怜。
3	分享	fēnxiǎng	动	与别人一起享受、使用。
4	临终	línzhōng	动	人快要死亡。
5	叮嘱*	dīngzhǔ	动	再三嘱咐，一再重复说某事。
6	遵守	zūnshǒu	动	依照规定或纪律做，不违背。
7	主题	zhǔtí	名	中心思想，核心意义。
8	概括	gàikuò	动	总结、归纳。
9	心目	xīnmù	名	内心，心里。
10	借口	jièkǒu	名	假借的理由。
11	相聚	xiāngjù	动	互相聚合在一起。
12	始终	shǐzhōng	副	从开始到最后。
13	有求必应	yǒuqiúbìyìng		只要有要求就一定满足。
14	不离不弃	bùlí-búqì		不离开不抛弃。
15	淡忘*	dànwàng	动	慢慢地忘记。
16	混乱	hùnluàn	形	杂乱，没有条理，没有秩序。
17	归罪*	guīzuì	动	把罪行归于。
18	拖累	tuōlěi	动	使某人受连累。
19	蜷缩*	quánsuō	动	身体缩成一团。
20	地毯	dìtǎn	名	地上铺的毯子；carpet。
21	奄奄一息	yǎnyǎnyìxī		只剩下一口气，形容快死了。
22	缘分	yuánfèn	名	命中注定的遇合的机会。
23	最终*	zuìzhōng	副	最后，末了。
24	提醒	tí xǐng		从旁指点，引起注意。
25	忙碌	mánglù	形	很忙，没有空闲时间。

19

| 26 | 拥有* | yōngyǒu | 动 | 领有，具有。 |
| 27 | 善待 | shàndài | 动 | 友善地对待。 |

听力练习

一 听第一遍录音，回答问题

2-6

1. 明莉的父亲从事什么工作？
2. 明莉的妈妈是什么样的母亲？
3. 作者认为索克斯代表的是什么？
4. 作者认为影片想要提醒现代人应该注意什么？

二 听第二遍录音，选择正确答案

2-6

1. 收养索克斯是谁的愿望？
   A. 爸爸　　　B. 妈妈　　　C. 明莉　　　D. 索克斯

2. 明莉长大以后认为索克斯对她来说是_____。
   A. 有求必应　B. 拖累　　　C. 朋友　　　D. 始终如一

3. 索克斯的寿命是_____。
   A. 五年　　　B. 八年　　　C. 十年　　　D. 十五年

4. 索克斯最后的愿望是希望明莉_____。
   A. 和它一起玩耍　　　　B. 和它做最好的朋友
   C. 耐心听它讲　　　　　D. 陪在它的身边

5. 我们不能经常和看重的人在一起，是因为_____。
   A. 我们太忙了　　　　　B. 以后相聚的机会还有很多
   C. 我们必须分离　　　　D. 缘分不够

三 根据录音，判断对错

1. 明莉的妈妈同意明莉留下索克斯。　　　　　　　　　　　　　　（　　）
2. 《狗狗与我的十个约定》的主题是"狗是人类的朋友"。　　　　（　　）

3. 在长大的过程中，明莉一直坚守着和索克斯的约定。　　　　（　　）
4. 爸爸写信告诉明莉：索克斯快不行了。　　　　　　　　　（　　）
5. 人生很短暂，我们应该珍惜和善待身边的一切。　　　　　（　　）

四 听录音，选择相应的词语

a. 叮嘱　　　　b. 有求必应　　　　c. 临终
d. 奄奄一息　　e. 缘分　　　　　　f. 不离不弃

1. _____　　2. _____　　3. _____
4. _____　　5. _____　　6. _____

五 根据录音填空

《狗狗与我的十个约定》的_____虽然表现的是人与动物之间的_____，但并不能简单地用"狗是人类的朋友"来_____。索克斯所代表的其实是我们心目中最_____的那些人。我们总是以忙为_____，总是以为_____的时光还很长很长，却没想到_____会来得如此之快，如此_____。就像影片中的明莉，她忙着长大，忙着自己的感情和事业，虽然索克斯对她始终有求必应、_____，她却逐渐_____了和索克斯的约定，甚至把自己人生中出现的一些混乱也_____于索克斯的拖累。直到有一天，爸爸在电话中告诉她，索克斯快不行了，她才_____到距离他们最初的相遇已经过去了十年。当她赶回家看到蜷缩在地毯上_____的索克斯时，耳边又响起了他们的那些约定：和我在一起的_____请你珍惜；当我离开的时候，请_____在我身边……

口语练习

一 用所给的词语或句式改写句子或完成句子

1. 好在……（否则）……

   例 好在妈妈温柔慈爱，母女俩分享了许多快乐的时光，否则会有很多遗憾。

   （1）由于电线短路发生了火灾，幸亏当时屋里没有人，不然后果会更严重。
   _____
   _____。

   （2）路上堵车了，幸亏我们提前一个小时出发，要不然一定会迟到。
   _____
   _____。

   （3）雨下得很大，_____
   _____
   _____。

   （4）回到家已经快十点了，肚子饿得厉害，_____
   _____。

2. 作为

   例 作为条件，她代表索克斯和明莉定下了十个约定，并叮嘱明莉要好好儿遵守，不能忘记。

   （1）我可以帮助你，不过我们要交换一下，你也得帮我一个小忙。
   _____
   _____。

   （2）你是大夫，救助病人是你的职责。
   _____
   _____。

   （3）作为公民，_____
   _____。

（4）中国作为发展中国家，_____
_____。

3. 总是……却……

   例 我们总是以忙为借口，总是以为相聚的时光还很长很长，却没想到分别会来得如此之快，如此突然。

   （1）他觉得自己身体很好，每天早出晚归忙于工作，没想到突然病倒在了出差的路上。
   _____
   _____。

   （2）她一向认为自己学习不错，一定能考上理想的大学，没想到高考时名落孙山。
   _____
   _____。

   （3）很多人总是认为，先发展经济，有了钱再治理环境，_____
   _____。

   （4）很多女性以瘦为美，总是不吃主食，_____
   _____。

4. ……也好……也罢

   例 十年也好，几十年也罢，时间过得总是比我们想象的快。

   （1）不管西医还是中医，只要能治好我的病就可以。
   _____
   _____。

   （2）结婚的人应该得到祝福，单身的人也应该得到尊重，都是自己的一种选择。
   _____
   _____。

（3）A：你喜欢男孩儿还是女孩儿？

B：_____。

（4）A：你打算怎么回家？坐火车还是坐飞机？

B：_____。

二 根据提示回答问题

1. 妈妈为什么留下了索克斯？

（分享　离开人世　临终　满足　愿望　陪伴）

2. 明莉一直坚守和索克斯的约定吗？

（忙着　有求必应　淡忘　甚至　归罪　直到　意识　奄奄一息）

3. 从索克斯的故事中我们可以得到哪些感悟？

（代表　看重　以……为借口　相聚　分别　突然）

4. 作者借这部影片想要提醒读者什么？

（……也好……也罢　想象　人生　短　缘分　最终　忙碌　身边　善待）

三 分组讨论

1. 你认为哪种职业最忙碌？为什么？
2. 你喜欢的动物的寿命是多久？如果你能照顾它，临终时你认为应该怎样做？
3. 你怎么理解"狗是人类的朋友"这句话？
4. 你心目中最重要的人是谁？
5. 这部影片想要表达什么样的主题？

综合练习

一 参考提示词语和句式，分组接龙进行复述

1. 讲述明莉和索克斯的故事

明莉　北海道　爸爸　妈妈　突然　临终　愿望
定下十个约定　后来明莉长大了　忙碌　淡忘　奄奄一息

2. 作者的观后感

    看重　　总以为　　相聚　　分别　　……也好……也罢　　缘分
    提醒　　深情　　善待

二　小组活动

1. 你认为收养动物应该具备哪些条件？
2. 你们国家对养宠物有没有什么特别规定？
3. 写出你自己的关于某种动物的"十戒"。

三　讨论

1. 假设你是某种宠物，你对主人有哪些愿望？
2. 你认为世上最重要的、最应该珍惜和善待的是什么？

要求：至少运用本课学过的 5 个词语，2 个句式，时间 3 分钟。

四　课外活动

观看《狗狗与我的十个约定》的中文版本，谈谈观后感。

要求：叙述电影情节，对影片做出评价；谈谈自己的感受，例如，是否喜欢这部影片，喜欢或不喜欢的理由等。

五　成段表达

词语与文化（2）：动物

要求：试着说出以下词语或俗语所表达的意思，并把你的发现概括总结出来，然后试着说说你们国家一般怎样看待这些动物。

与"十二生肖"有关的词语

1. 鼠：贼眉鼠眼　　鼠目寸光　　胆小如鼠　　抱头鼠窜　　投鼠忌器
    老鼠过街，人人喊打
2. 牛：吹牛皮　　气喘如牛　　钻牛角尖　　犯牛脾气　　对牛弹琴
    泥牛入海　　庖丁解牛　　牛刀小试
3. 虎：饿虎扑食　　猛虎添翼　　放虎归山　　虎口拔牙
    不入虎穴，焉得虎子　　虎毒不食子

4. 兔：狡兔三窟　　守株待兔　　静若处子，动如脱兔
　　　兔子的尾巴——长不了
5. 龙：画龙点睛　　叶公好龙　　望子成龙　　乘龙快婿　　龙凤呈祥
　　　大水冲了龙王庙
6. 蛇：美女蛇　　　眼镜蛇　　　引蛇出洞　　毒蛇猛兽　　打草惊蛇
　　　地头蛇　　　水蛇腰　　　画蛇添足　　杯弓蛇影
　　　一朝被蛇咬，十年怕井绳
7. 马：千军万马　　信马由缰　　招兵买马　　单枪匹马　　老马识途
　　　塞翁失马　　马到成功　　厉兵秣马　　一马当先　　走马观花
　　　悬崖勒马　　千里马
8. 羊：羊肠小道　　顺手牵羊　　亡羊补牢　　羊毛出在羊身上
9. 猴：猴子捞月　　尖嘴猴腮　　沐猴而冠
10. 鸡：鸡飞蛋打　　闻鸡起舞　　呆若木鸡　　手无缚鸡之力
　　　鸡蛋里面挑骨头
11. 狗：落水狗　　　狗仗人势　　狗急跳墙　　狗血喷头　　狗眼看人低
　　　打狗看主人
12. 猪：蠢猪　　　　杀猪教子　　肥猪拱门　　人怕出名猪怕壮
　　　猪鼻子插大葱——装相

第 3 课 新词新语

听力录音

热身问题

1. 你知道最近新产生的词语吗？试举例说明。
2. 你了解现代汉语词语构成的特点吗？请举例简单谈谈。
3. 你觉得新词新语的产生和哪些因素有关？
4. 你认为什么样的新词新语比较有生命力？

第一部分

词语

3-1

1	见证*	jiànzhèng	名	可以做证的人或可以做证据的物品。
2	凸显*	tūxiǎn	动	凸出，明确显示出来。
3	时尚*	shíshàng	名	流行的风尚。
4	风行*	fēngxíng	动	普遍流行。
5	审美*	shěnměi	动	判断和领会美。
6	情趣*	qíngqù	名	情调和趣味。
7	变迁	biànqiān	动	情况的阶段性变化。
8	收录	shōulù	动	编辑词典、文集等时对词语或诗文等的采用。
9	相当于*	xiāngdāng yú		和……差不多。
10	置身*	zhìshēn	动	把自己放在某种情境中。

11	酷*	kù	形	潇洒、前卫；cool。
12	推敲*	tuīqiāo	动	仔细思考合适的词句、恰当的意义。
13	含义	hányì	名	内在包含的意义。
14	体味*	tǐwèi	动	仔细体会。
15	细微	xìwēi	形	细小、微小。
16	有助于*	yǒu zhù yú		对……有帮助。
17	感受	gǎnshòu	名	体会感想。
18	多变*	duō biàn		变化多而频繁。
19	活力*	huólì	名	旺盛的生命力。
20	扶贫	fúpín	动	帮助贫困家庭脱离贫困。
21	融资	róngzī	动	从金融渠道获得资金。
22	亚健康	yàjiànkāng	名	介于健康和疾病之间的状态。
23	解职	jiě zhí		解除职务。
24	朝阳*	zhāoyáng	形	新兴的，有发展前途的。
25	夕阳*	xīyáng	形	传统的，没有发展前途的。
26	产业	chǎnyè	名	和工业生产相关的行业。
27	良性*	liángxìng	形	性质良好的。
28	领域	lǐngyù	名	范围。
29	面貌	miànmào	名	事物所呈现的状态或情景。
30	绝迹*	juéjì	动	完全消失。
31	掮客	qiánkè	名	中间人的旧称，贬义。
32	妓女	jìnǚ	名	女性性工作者，贬义。
33	缩略语	suōlüèyǔ	名	简化、压缩后形成的词语。
34	成因*	chéngyīn	名	形成的原因。
35	九牛二虎之力*	jiǔ niú èr hǔ zhī lì		俗语，比喻为某事耗费了极大的力量。
36	彩票	cǎipiào	名	奖券的通称。
37	维护	wéihù	动	保护，使得免于遭到破坏。
38	档次	dàngcì	名	按一定标准分类排列的等级次序。
39	呈现	chéngxiàn	动	显露出。

第 3 课　新词新语

| 40 | 并驾齐驱 | bìngjià-qíqū | | 比喻进展相同，不分先后。 |
| 41 | 大款 | dàkuǎn | 名 | 有钱人。 |

听力练习

一　听第一遍录音，回答问题

3-2

1. 新词新语代表了什么？
2. 你听到过哪些新词新语？试说出几个。
3. 什么叫作"旧瓶装新酒"？
4. 新词新语可以通过什么形式产生？请举例说明其中之一。

二　听第二遍录音，选择正确答案

3-2

1. 据统计，1978年至2018年产生新词语的速度大约是一年_____。
   A. 900个　　　　　B. 500个　　　　　C. 700个　　　　　D. 600个

2. 新词语中占绝大多数的是_____。
   A. 新造词语　　　B. 旧词新义词　　C. 缩略词　　　　D. 酷词

3. "下课"的本义是指一堂课结束，新义是指_____。
   A. 辞职　　　　　B. 被解职　　　　C. 任职　　　　　D. 提职

4. 缩略语一般是由_____构成的。
   A. 俗语　　　　　B. 成语　　　　　C. 双音节词　　　D. 四字格

5. "奥林匹克运动会"的缩略语是_____。
   A. 奥林会　　　　B. 奥运会　　　　C. 奥动会　　　　D. 奥克会

三　根据录音，判断对错

1. 新词语是社会发展的见证。（　　）
2. 《新词语大词典》收录的是从1978年到2008年的新词语。（　　）
3. 朝阳产业是指新兴的很有生命力和发展前途的产业。（　　）
4. 婚姻介绍所也可以简称为"中介所"。（　　）
5. "一刀切""傍大款"是多音节型熟语词。（　　）

四 听录音,选择相应的词语

3-3

a. 复活　　　b. 缩略　　　c. 新造词
d. 推敲　　　e. 并驾齐驱　　f. 旧瓶装新酒

1. _____　　2. _____　　3. _____
4. _____　　5. _____　　6. _____

五 根据录音填空

3-4

新词语是社会发展的_____,凸显了新事物的出现、_____的风行,以及人们审美情趣的_____。以《新词语大词典(1978—2018)》为例,该词典_____了从1978年至2018年产生的新词语两万余条,相当于_____每年产生新词语五百个。_____种种新词、酷词之中,_____其中的含义,_____其间的细微分别,有助于我们更好地感受新时代的多变与_____。

口语练习

一 用所给词语或句式改写句子或完成句子

1. 相当于

   例 最近出版的《新词语大词典(1978—2018)》收录了从1978年至2018年产生的新词语两万余条,相当于每年产生新词语五百个。

   (1) 全球有70亿人口,中国有13亿多,差不多五个人里就有一个中国人。

   _____。

   (2) 尽管经过了多年的改革开放和高速增长,中国工人的最低工资目前也只有欧美工人的30%左右。

   _____。

（3）狗的寿命一般在十二至十五年之间，＿＿＿＿＿＿＿＿＿＿＿＿＿＿＿＿＿＿

＿＿＿＿＿＿＿＿＿＿＿＿＿＿＿＿＿＿＿＿＿＿＿＿＿＿＿＿＿＿＿＿＿＿＿＿＿。

（4）这里的湿度达到了96%，＿＿＿＿＿＿＿＿＿＿＿＿＿＿＿＿＿＿＿＿＿

＿＿＿＿＿＿＿＿＿＿＿＿＿＿＿＿＿＿＿＿＿＿＿＿＿＿＿＿＿＿＿＿＿＿＿＿＿。

2. 有助于

例 推敲其中的含义，体味其间的细微分别，有助于我们更好地感受新时代的多变与活力。

（1）可持续发展对保护地球环境有帮助。

＿＿＿＿＿＿＿＿＿＿＿＿＿＿＿＿＿＿＿＿＿＿＿＿＿＿＿＿＿＿＿＿＿＿＿＿＿

＿＿＿＿＿＿＿＿＿＿＿＿＿＿＿＿＿＿＿＿＿＿＿＿＿＿＿＿＿＿＿＿＿＿＿＿＿。

（2）最近的一份研究报告显示，乐观的性格对长寿有好处。

＿＿＿＿＿＿＿＿＿＿＿＿＿＿＿＿＿＿＿＿＿＿＿＿＿＿＿＿＿＿＿＿＿＿＿＿＿

＿＿＿＿＿＿＿＿＿＿＿＿＿＿＿＿＿＿＿＿＿＿＿＿＿＿＿＿＿＿＿＿＿＿＿＿＿。

（3）专家提醒我们，保持适当的、有规律的运动＿＿＿＿＿＿＿＿＿＿＿＿＿

＿＿＿＿＿＿＿＿＿＿＿＿＿＿＿＿＿＿＿＿＿＿＿＿＿＿＿＿＿＿＿＿＿＿＿＿＿。

（4）学习外语时，多听多说＿＿＿＿＿＿＿＿＿＿＿＿＿＿＿＿＿＿＿＿＿＿

＿＿＿＿＿＿＿＿＿＿＿＿＿＿＿＿＿＿＿＿＿＿＿＿＿＿＿＿＿＿＿＿＿＿＿＿＿。

3. 再度 + V

例 这些旧词再度复活，并常常形成新旧词并行但词语附加意义有所差别的情形。

（1）经过一段时间的振荡调整，大盘今天又开始下跌了。

＿＿＿＿＿＿＿＿＿＿＿＿＿＿＿＿＿＿＿＿＿＿＿＿＿＿＿＿＿＿＿＿＿＿＿＿＿

＿＿＿＿＿＿＿＿＿＿＿＿＿＿＿＿＿＿＿＿＿＿＿＿＿＿＿＿＿＿＿＿＿＿＿＿＿。

（2）运动员们都说，下一届奥运会时再重逢。

＿＿＿＿＿＿＿＿＿＿＿＿＿＿＿＿＿＿＿＿＿＿＿＿＿＿＿＿＿＿＿＿＿＿＿＿＿

＿＿＿＿＿＿＿＿＿＿＿＿＿＿＿＿＿＿＿＿＿＿＿＿＿＿＿＿＿＿＿＿＿＿＿＿＿。

（3）春节将临，回乡的人流逐日增加，_____
_____。

（4）三年前他曾获得过这个奖项，_____
_____。

4. 以……为主

   例 现代汉语一直以双音节词语为主，但在新词语中多音节型熟语却明显增多。

   （1）各国的老人养老的方式各有不同，就中国来说，主要是居家养老。
   _____
   _____。

   （2）我们学校不提倡在校大学生自主创业，因为对学生来说最重要的还是学习。
   _____
   _____
   _____。

   （3）"秋高气爽"常常用来形容北京的秋天，这是因为_____
   _____。

   （4）统计数字显示，今年西安年夜饭预订_____
   _____。

二 根据提示回答问题

1. 从新词新语中，我们可以看到什么？
   （见证　凸显　时尚　审美　变迁　多变　活力）

2. 新产生的词语中占绝大多数的是什么形式的词语？
   （在……中　占　绝大多数　如　扶贫　听证会　亚健康）

3. "旧瓶装新酒"在此指哪类词语？试举例说明。
   （所谓　形式　新时期　例如　本义　新义）

4. 举例说明新旧词同时存在的情况。
   （所指　曾经　绝迹　再度　并行　例如）

5.举例说明什么是缩略语。

（成因　九牛二虎之力　领会　含义　例如）

三　分组讨论

1.举例说明和网络相关的新词新语的特点。
2."绿色通道"的"绿色"是什么意思？"绿色"还有什么意思？
3."旧瓶装新酒"的反义词是什么？
4.你认为"熟语"和"成语"有什么不同？
5.请简单说明一下什么是"缩略语"。

第二部分

 词语

3-5

1	大量	dàliàng	形	数量很大。
2	涌现	yǒngxiàn	动	大量出现。
3	克隆	kèlóng	动	指无性繁殖的基因技术；clone。
4	黑客	hēikè	名	利用网络进行犯罪、非法窃取活动的人；hacker。
5	字母	zìmǔ	名	拼音文字的最小书写单位。
6	别扭*	bièniu	形	不顺畅，与直觉不符。
7	效应*	xiàoyìng	名	某种作用所产生的效果，如"蝴蝶效应"；effect。
8	源于	yuán yú		从……发源。
9	极为*	jíwéi	副	非常，极端。
10	身份	shēnfèn	名	人在社会或法律上的地位。
11	过劳死	guòláosǐ	动	因为过分疲劳而导致死亡。
12	诧异*	chàyì	形	感到十分吃惊。
13	模仿	mófǎng	动	照现成的样子学着做。
14	啃老	kěn lǎo		成年之后还依靠父母生活。

15	词缀	cízhuì	名	语法概念，指附加在词根上的构词成分。
16	负荷	fùhè	名	科学术语，指电力等设备在单位时间所承担的工作量，现在也引申到社会、生活领域。
17	利率	lìlǜ	名	银行存款利息和本金的比例。
18	着陆	zhuó lù		飞行器从空中降落到地面。
19	浪潮	làngcháo	名	比喻大规模的社会运动或群众运动。
20	耳熟能详	ěrshú-néngxiáng		非常熟悉、了解。
21	靓	liàng	形	漂亮、英俊。
22	打拼*	dǎpīn	动	拼搏。
23	大排档	dàpáidàng	名	指街边的饮食摊档。
24	拍拖	pāituō	动	指男女恋人约会。
25	炒鱿鱼	chǎo yóuyú		解雇。
26	轻微*	qīngwēi	形	程度浅、数量少。
27	差异*	chāyì	名	不同，不一样。
29	预料*	yùliào	动	事先推测到、预见到。

听力练习

一 听第一遍录音，回答问题

3-6

1. 汉语外来词的主要来源是什么？
2. 来自英语的外来词有哪些？举例说明。
3. 哪些词语是从日语来的？试举几个例子。
4. 来自港台的词语有哪些？试举几个例子。

二 听第二遍录音，选择正确答案

3-6

1. "互联网"一词来自_____。
　　A. 欧美　　　B. 日本　　　C. 中国香港　　D. 中国台湾

2. "月光族"是模仿什么地方的词语造出的？
　　A. 欧美　　　B. 日本　　　C. 中国香港　　D. 中国台湾

第 3 课　新词新语

3. 日常生活中的外来词绝大多数是_____。
   A. 音译词　　　B. 字母词　　　C. 意译词　　　D. 音意兼译词

4. "可口可乐"是什么词？
   A. 音译词　　　B. 字母词　　　C. 意译词　　　D. 音意兼译词

5. "炒鱿鱼"的意思是_____。
   A. 辞职　　　　B. 辞退　　　　C. 告辞　　　　D. 换工作

三　根据录音，判断对错

1. 像"超""软""吧"等词缀是汉语固有的造词成分。　　　　　　（　　）
2. 引入普通话的港台词语不是外来词。　　　　　　　　　　　（　　）
3. 港台的许多流行词语是伴随着流行歌曲进入普通话的。　　　（　　）
4. 引入港台词语是因为普通话里本来没有这样的词语。　　　　（　　）
5. 作者认为同时存在的同义词语中有一个早晚会被淘汰。　　　（　　）

四　听录音，选择相应的词语

3-7

a. 啃老族　　　　b. 发烧友　　　　c. 软环境
d. 耳熟能详　　　e. 温室效应

1. _____　　2. _____　　3. _____
4. _____　　5. _____　　6. _____

五　根据录音填空

3-8

　　英语外来词有_____的，如：克隆、卡通、卡路里等；有_____的，如：迷你、黑客、可口可乐等；还有使用外文字母的，如：IC卡、U盘、_____等。当然，这些音译的或音意兼译的对一般人_____总是_____觉得有些别扭，因此，真正进入日常生活的还是以_____为主，如，手机、信息、笔记本、互联网、温室效应等。

　　日语外来词源于日本的_____，与汉语的词语结构极为_____，不了解日语的人不易感受到其外来_____。例如，料理（指菜肴、饮食）、人气

35

（指名气、人望）、写真、新干线、过劳死等。有些令人_____的是，人们还模仿日语的_____方式造出新词语，如：_____男、宅女、_____族、啃老族等。

口语练习

一 用所给词语或句式改写句子或完成句子

1. 虽说……但……

   例 虽说不是外来词，但在中国刚开始改革开放的时候，就普通话而言，它们多多少少有一丝外来者的味道。

   （1）虽然爷爷是地道的北京人，可是这种传说也是第一次听到。
   _____。

   （2）虽然目前没有什么特别的不适，可是医生还是建议他去做个检查。
   _____。

   （3）虽说我们是第一次见面，_____。

   （4）虽说这个女孩儿算不上漂亮，_____。

2. 免不了

   例 这些音译的或音意兼译的词对一般人而言总是免不了觉得有些别扭，因此，真正进入日常生活的还是以意译词为主。

   （1）生意场上少不了有应酬，饭桌上也常常要喝酒，入乡随俗，也没办法。
   _____。

   （2）夫妻过日子嘛，当然会发生矛盾，最重要的是互相包容和体谅。
   _____。

   （3）这次考试刚刚及格，_____。

   （4）留学生初到一个新的国家，举目无亲，语言不通，_____。

3. 这样一来

   例 不少港台词语在普通话中原本已经有了等义词，这样一来就形成了两者共存的局面。

（1）大雪过后，保安在门口铺了一些草垫子，走在路上就不会滑倒了。
　　　　　　　　　　　　　　　　　　　　　　　　　　　　　　　。

（2）爸爸给他买了一台电脑，以后他就不用再去网吧了。
　　　　　　　　　　　　　　　　　　　　　　　　　　　　　　　。

（3）由于金融危机，他所在的工厂破产了，　　　　　　　　　　　。

（4）我这个假期一直都在打工，　　　　　　　　　　　　　　　　。

4. **尽管……但是……**

  例 尽管两者的意义或多或少有轻微差异，但是可以预料，在不远的将来必定有一个会被淘汰。

（1）虽然已经到了阳春三月，可是却迟迟未见春天的踪迹。
　　　　　　　　　　　　　　　　　　　　　　　　　　　　　　　。

（2）虽然这次进球不是他的失误造成的，可是他还是闷闷不乐。
　　　　　　　　　　　　　　　　　　　　　　　　　　　　　　　。

（3）尽管遇到了一些困难，　　　　　　　　　　　　　　　　　　。

（4）尽管我事先提醒过他要多加小心，　　　　　　　　　　　　　。

三 根据提示回答问题

1. 来自欧美的外来词有何特点？
   （音译　音意兼译　外文字母　对……而言　免不了　以……为主）

2. 来自日语的外来词有何特点？
   （结构　极为　身份　令人诧异　模仿　构词方式）

3. 港台词语也是外来词吗？
   （虽说……但……　就……而言　味道）

4. 举例说明进入普通话的港台词语有哪些特点。
   （伴随　浪潮　耳熟能详　等义词　尽管……但是……　淘汰）

三 分组讨论

1. 举例说明日语外来词的特点。
2. 你觉得汉语普通话和方言是什么关系？你知道哪些方言词？
3. 举例说明外来音译词的特点。
4. 你知道的外来音意兼译词有哪些？
5. 为什么中国人更偏好意译的外来词？

综合练习

一 小组活动（每人选择感兴趣的话题，至少发言3分钟）

1. 谈谈这些新词语的意思，如：傍大款、打白条、胡子工程、海归、扶贫等。
2. 搜集一些新词语，然后分析其来源及构成。
3. 分析和解释以下港台词语：层面、个案、（社会）转型、提升（品质）、白领、资深、瓶颈、峰会。
4. 从报纸、电视及生活中注意搜集一些外来语，然后在班级里进行汇报交流。

二 讨论

1. 有人认为，"新词语的大量产生是社会进步的一种表现，但生命力不会长久"。你认为这种说法有道理吗？
2. 有人认为，"外来语是一种文化侵入"。你对此怎么看？

要求：至少运用本课学过的5个词语，2个句式。

三 成段表达

词语与文化（3）：词语比喻

要求：试着说出以下词语所表达的意思，并把你的发现概括总结出来和同学进行交流。

| 坑人 | 宰客 | 啃老 | 倒霉 | 拍马 |

第3课　新词新语

水货	鬼手	黑心	飞人	菜鸟
笑面虎	孺子牛	丧家犬	领头羊	千里马
糊涂蛋	应声虫	井底蛙	吸血鬼	狐狸精
半瓶醋	蠢木头	顶梁柱	小胖墩儿	茅坑里的石头
流年似水	光阴似箭	日月如梭	归心似箭	繁花似锦
如狼似虎	如胶似漆	如饥似渴	如花似玉	旁若无人
口若悬河	冷若冰霜	视若无睹	面如死灰	视如敝屣
势如破竹	一日不见，如隔三秋			

第 4 课 现代都市病

听力录音

热身问题

1. 你觉得生活中什么给你的压力最大？你怎么去缓解？
2. 最近有许多年轻人"逃离北上广"，你认为是什么原因？你想给他们什么建议？
3. 你最常吃的食品是什么？为什么？
4. 有人说"没有垃圾食品，只有垃圾吃法"。你同意吗？

第一部分

词语

4-1

1	提速*	tí sù		提高速度。
2	分秒必争*	fēnmiǎobìzhēng		抓紧一分一秒的时间。
3	随之而起*	suízhī'érqǐ		随着某一情况而发生、发展。
4	递增*	dìzēng	动	一次一次成倍增加。
5	跃居	yuèjū	动	排名快速提高到某一位置。
6	高发	gāofā	形	发生频率高。
7	频发	pínfā	动	一定时间内多次发生。
8	元凶*	yuánxiōng	名	灾祸的根源。
9	闲暇*	xiánxiá	名	空闲的时间。
10	久而久之	jiǔ'ér-jiǔzhī		经过一段相当长的时间之后。
11	抑郁	yìyù	形	情绪低落，感到压抑。

第4课　现代都市病

12	障碍	zhàng'ài	名	使不能顺利通过的东西。
13	内分泌*	nèifēnmì	名	动物体内腺体或器官分泌激素的功能。
14	失调	shītiáo	动	失去平衡。
15	免疫力	miǎnyìlì	名	机体获得的抵抗疾病的能力。
16	淡漠	dànmò	形	态度冷淡，不热情。
17	阖家*	héjiā	名	全家。
18	追忆*	zhuīyì	动	回忆。
19	取而代之	qǔ'érdàizhī		占有某人或某事的位置。
20	旁若无人*	pángruòwúrén		好像旁边没人。形容态度高傲或从容自然，对旁人不在意。
21	老龄化	lǎolínghuà	名	指某国家或地区老年人口超过某一较高的比例。
22	空巢	kōngcháo	名	比喻子女成年后只有老年父母独自生活的家庭。
23	率先	shuàixiān	副	首先。
24	接轨	jiē guǐ		指不同阶段、不同部分相互衔接。
25	破裂	pòliè	动	出现裂缝；关系断绝。
26	怨艾	yuànyì	动	书面语，怨恨。
27	不减反增	bù jiǎn fǎn zēng		没有减少，反而增加。
28	城乡二元*	chéngxiāng èryuán		城市和乡村在经济、政治等方面显著不同。
29	鸿沟*	hónggōu	名	比喻明显的界线。
30	懒惰	lǎnduò	形	该做的事不去做；不勤劳。
31	敏感	mǐngǎn	形	感觉敏锐，对外界事物反应快。
32	刻意	kèyì	副	用了很多心思。
33	诱发	yòufā	动	诱使发生，导致发生。
34	氛围	fēnwéi	名	周围的气氛。

听力练习

一　听第一遍录音，回答问题

1. 为什么改革开放以来患精神心理类疾病的人数逐年增多？

2. "高大快"的具体含义是什么?
3. 什么是"高不成,低不就"?
4. 中国家庭模式近年来有哪些变化?

二 听第二遍录音,选择正确答案

1. 在本文中,导致心理疾病人数剧增的主要原因有_____。
   A. 2个 　　　　　B. 3个 　　　　　C. 4个 　　　　　D. 6个

2. 慢性疾病患者数量最多的疾病类型是_____。
   A. 感冒类 　　　B. 心血管类 　　　C. 精神心理类 　　　D. 消化吸收类

3. 长期高度紧张会导致_____。
   A. 焦虑抑郁 　　　　　　　　　　B. 内分泌失调
   C. 免疫力下降 　　　　　　　　　D. 前三项都包括

4. 中国现代家庭模式的最基本特点是_____。
   A. 三口之家 　　B. 三代同堂 　　C. 空巢家庭 　　D. 单亲家庭

5. 在留在城市还是返回故乡之间困惑的是_____。
   A. 下岗职工 　　B. 中年失业者 　　C. 农民工 　　D. 高校贫困生

三 根据录音,判断对错

1. 心理失衡的人数一年比一年多。　　　　　　　　　　　　　　　(　　)
2. "高大快"的生活工作模式仅仅会导致心理疾病的发生。　　　　(　　)
3. 现在,全家人围坐在一起吃饭的机会越来越少。　　　　　　　　(　　)
4. 中年下岗的主要原因是无能、懒惰。　　　　　　　　　　　　　(　　)
5. 目前,我们没有找到解决造成心理失衡的社会问题的途径。　　　(　　)

四 听录音,选择相应的词语

a. 免疫力 　　　　　b. 高发、频发 　　　　　c. 旁若无人
d. 不减反增 　　　　e. 久而久之 　　　　　　f. 高不成,低不就

1. _____　　　　2. _____　　　　3. _____
4. _____　　　　5. _____　　　　6. _____

第4课　现代都市病

五　根据录音填空

4-4

以公司白领为主体的人群长期处于高度_____之中，没有_____时间，缺少休闲活动，身心过于疲劳。久而久之，会导致_____、抑郁、精神_____等心理疾病的发生。即使从_____角度看，个体长期处于高度紧张状态也_____导致内分泌功能_____、免疫力_____，甚至会造成_____。

口语练习

一　用所给的词语或句式改写句子或完成句子

1. 呈现……的态势

   例 心理失衡的人数呈现逐年递增的态势。

   （1）汽车保有量越来越高，车祸死亡人数也越来越多。

   _____。

   （2）经过多年的高速增长之后，中国 GDP 的年增长率开始下降。

   _____。

   （3）随着生活水平的提高，人类的平均寿命_____

   _____。

   （4）由于营养过剩、肥胖，糖尿病等慢性病发病率_____

   _____。

2. 即使……也……

   例 即使从生理角度看，个体长期处于高度紧张状态也足以导致内分泌功能失调、免疫力下降。

   （1）为了自己，我们应该戒烟戒酒，养成健康有益的生活习惯。

   _____
   _____。

（2）这么简单的问题，虽然老师没有讲，学生也应该都会。

　　_____

　　_____。

（3）虽然我们工作很忙，但是每天都应该适当地运动。

　　_____

　　_____。

（4）弟弟非常喜欢画画，_____

　　_____。

3. 此外

例 进城的一代二代农民工……。下岗职工……。此外，高校贫困生也是个敏感的话题。

（1）留学生活很紧张，每天要上4个小时课，要做作业，还要参加学生社团的活动。

　　_____

　　_____。

（2）他生病的原因很多，第一是因为工作紧张，第二是睡眠不足，第三是盲目节食。

　　_____

　　_____。

（3）现代人感情淡漠主要是因为，_____

　　_____。

（4）地球的环境危机，人类应该负主要责任，_____

　　_____。

4. 足以 + V

例 高消费的诱惑、社会刻意救助对自尊心的伤害等都足以诱发心理疾病。

第 4 课　现代都市病

（1）他靠自己可以解决好这个问题。

　　_____

　　_____。

（2）购买一辆普通的汽车 10 万块钱足够了。

　　_____

　　_____。

（3）缺乏全局眼光、疏于细节化的管理_____

　　_____。

（4）不错的先天条件，加上勤奋刻苦，_____

　　_____。

二 根据提示回答问题

1. 心理失衡是如何成为社会问题的？
   （改革开放　提速　转型　节奏　分秒必争　随之而起）

2. "高大快"的生活工作模式对人们的健康有何负面影响？
   （忙碌　闲暇　身心疲劳　焦虑　精神障碍　内分泌　免疫力　过劳死）

3. 传统家庭模式消亡有哪些表现？
   （三口之家　追忆　手机　老龄化　空巢　离婚率　接轨　家庭破裂）

4. 都市中哪些群体会有心理压力？造成心理压力的原因是什么？
   （农民工　城乡二元　困惑　下岗职工　高不成，低不就　甚至　高校贫困生　诱惑　刻意　自尊心）

5. 怎么解决心理失衡问题？
   （解决之道　现成　答案　代价　放缓步伐　多一些　少一些　创造　氛围）

三 分组讨论

1. 举例说明你知道的一种常见心理疾病。
2. 你能适应"高大快"的生活工作模式吗？
3. 你觉得应该如何面对人口老龄化的挑战？

4. 请简单说明一下什么是"天伦之乐"。
5. 你怎么理解"高不成,低不就"的含义?

第二部分

词语

4-5

1	营养	yíngyǎng	名	养分,维持有机体生长发育的物质。
2	大行其道	dàxíng-qídào		贬义,指某事非常流行。
3	误导	wùdǎo	动	向错误的方向引导。
4	畅通无阻	chàngtōng-wúzǔ		非常顺利,没有阻力。
5	不知不觉	bùzhī-bùjué		完全没有知觉的情况下(事情发生)。
6	预测	yùcè	动	事先测定。
7	起码*	qǐmǎ	形	最低限度。
8	著称	zhùchēng	动	因有名而被称道。
9	寿司*	shòusī	名	日本食品,由米饭团和生鱼片、紫菜等做成。
10	拌饭*	bànfàn		韩国食品,由米饭搭配蔬菜、肉类、鸡蛋等做成。
11	土生土长	tǔshēng-tǔzhǎng		在某个地方出生、长大。
12	肉夹馍	ròujiāmó	名	中国西北部食品,在烤面饼中夹入剁碎的熟肉做成。
13	廉价	liánjià	形	便宜,价格低。
14	批量	pīliàng	副	成批地,大量地。
15	标准化	biāozhǔnhuà	动	用统一的生产、组织、管理等标准进行。
16	携带	xiédài	动	随身带着。
17	储存	chǔcún	动	存放起来,暂时不用。
18	变质*	biànzhì		事物的性质、品质等发生变化。
19	绝非*	juéfēi		绝对不是。
20	膨化食品	pénghuà shípǐn		膨化,使食物材料变得膨胀松脆的一种加工方法。用膨化技术加工的食品。

21	烧烤	shāokǎo	名	烹调方法，在火上烤制的食物。
22	质疑*	zhìyí	动	怀疑，提出疑问。
23	抵制*	dǐzhì	动	阻止有害的事物，不让它为害。
24	秀*	xiù	名	演出、表演；show。
25	机能	jīnéng	名	组织或器官的功能。
26	崇尚	chóngshàng	动	尊重，推崇。
27	风尚	fēngshàng	名	一定时期流行的习惯和风气。

听力练习

一 听第一遍录音，回答问题

1. 什么是垃圾食品？
2. 来自欧美的快餐美食有哪些？举例说明。
3. 快餐食品应该符合哪些条件？
4. 快餐食品对人体健康有什么害处？为什么？

二 听第二遍录音，选择正确答案

1. "垃圾食品"一词指的是食品具有以下哪个特点？
   A. 热量高　　　　　　　　　　B. 营养单一
   C. 热量足够却营养单一　　　　D. 热量高却营养好

2. 以下哪种是土生土长的中国快餐美食？
   A. 炸薯条　　B. 方便面　　C. 快餐盒饭　　D. 煎饼

3. 以下哪个不是快餐食品应该符合的条件？
   A. 烹调简便　B. 标准化　　C. 不易变质　　D. 营养丰富

4. 以下哪类食品不是垃圾食品？
   A. 油炸食品　B. 凉拌食品　C. 烧烤食品　　D. 冷冻甜品

5. "亚健康"的意思是_____。
   A. 不健康的状态　　　　　　　B. 基本健康的状态
   C. 健康与疾病的中间状态　　　D. 非常健康的状态

三 根据录音，判断对错

1. 在报刊、影视中有很多快餐食品的广告。（　）
2. 在北京无法找到来自世界各地的快餐。（　）
3. 快餐食品方便美味，可是有毒。（　）
4. 世界卫生组织认为，快餐食品就是垃圾食品。（　）
5. 连续、大量食用垃圾食品会损害健康。（　）

四 听录音，选择相应的词语

4-7

a. 真人秀　　　b. 亚健康　　　c. 批量
d. 营养　　　　e. 土生土长　　f. 标准化

1. _____　　2. _____　　3. _____
4. _____　　5. _____　　6. _____

五 根据录音填空

4-8

既然是_____食品，就通常必须_____以下条件：含有人体_____营养成分，_____简单快速，_____而美味，可以_____生产，便于进行_____质量控制，_____方便，易于_____且不易_____等。要符合这些条件绝非_____，因为，在制作过程中一些食物的营养成分可能会_____，可能会人为_____一些对健康有害的化学物质，导致垃圾食品进而成为有毒食品。

口语练习

一 用所给词语或句式改写句子或完成句子

1. **由此而**

   例 都市人群生活节奏加快，对饮食的要求首先就是快速，方便食品由此而大行其道。

第 4 课　现代都市病

（1）由于最早研制开发了这一产品，该公司占有了整个国内国际市场。

_____

_____。

（2）由于控制了重要的交通线，红方在这场演习中获得了明显的优势。

_____

_____。

（3）人类越来越依赖人工智能，人工智能_____

_____。

（4）她是国王、王后唯一的女儿，_____

_____。

2. 以……而著称

例 北京以各类中外快餐美食丰富多样而著称。

（1）这位足球明星任意球特别厉害，被人叫作圆月弯刀。

_____

_____。

（2）这里出产高品质的乌龙茶，被称为乌龙茶的故乡。

_____

_____。

（3）北京是中国人心目中的文化中心，_____

_____。

（4）"上有天堂，下有苏杭"，_____

_____。

3. 依照

例 依照这种分类，快餐食品几乎等同于垃圾食品，应加以限制，尽量避免多吃。

（1）古代人讲孝道，父母怎么说，儿女就应该怎么做。

_____

_____。

49

（2）她以前习惯下"新年决心"，不过每一次都是5分钟热度，一个星期以后就坚持不下去了。
_____
_____。

（3）_____，如果不是朋友发微信提醒，_____
_____。

（4）事情都已经安排好了，_____
_____。

4. 率先……进而……

例 营养学家率先对快餐食品提出了质疑，并进而呼吁大众抵制过度食用快餐食品。

（1）中国的经济改革从农村开始，土地承包责任制在安徽获得巨大成功后，推广到全国。
_____
_____。

（2）在会议上，他首先表示支持王教授的观点，然后在此基础上建议推出新的政策。
_____
_____。

（3）近年来，工业机器人研究取得了巨大的进步，率先在精密仪器制造产业投入实际使用，_____
_____。

（4）率先修建世界上第一条地铁的城市是伦敦，_____
_____。

第 4 课　现代都市病

二　根据提示回答问题

1. 为什么我们爱吃快餐？
   （都市　节奏　快速　方便　加上　误导　大行其道）
2. 快餐食品要符合哪些基本要求？
   （营养成分　烹调　价廉物美　批量　标准化　携带　储存　变质）
3. 世界卫生组织公布的垃圾食品有哪些？
   （油炸　加工　碳酸　膨化　甜品　烧烤　几乎）
4. 网络真人秀要证明什么？
   （多吃　导致　损害）

三　分组讨论

1. 垃圾食品都有哪些种类？
2. 你觉得快餐得到大众欢迎的主要原因有哪些？
3. 中国的饮食有什么特点？
4. 美食和营养你会首选哪一个？

综合练习

一　小组活动（每人选择一个感兴趣的话题，至少发言 3 分钟）

1. 生活中会导致人们心理失衡的原因有哪些，如：生活压力、情感关系、环境改变等。
2. 从最近的新闻中搜集一些案例，分析其与心理失衡的关联。
3. 你是真心喜欢还是不得不接受快餐食品？请陈述三个理由。
4. 你对美食有什么要求？列举你最喜欢的三种美食。

二　讨论

1. 生活越安逸，人们的心理问题就越多。你同意这种观点吗？

2. 有人认为"快餐、垃圾食品是现实的选择,存在就是合理的"。你对此怎么看?
   要求:至少运用本课所学过的5个词语,2个句式。

三 成段表达

词语与文化(4):健康俗语

要求:试着说出以下说法所表达的意思,并把你的发现概括总结出来和同学进行交流。也请说说自己的母语中是否有类似的说法。

> 春捂秋冻,百病不生。
> 早吃好,午吃饱,晚吃少。
> 站如松,坐如钟,行如风。
> 饭后百步走,活到九十九。
> 若要小儿安,三分饥与寒。
> 笑一笑十年少,愁一愁白了头。
> 冬吃萝卜夏吃姜,一年四季保健康。
> 鱼生火,肉生痰,青菜豆腐保平安。
> 良药苦口利于病,忠言逆耳利于行。

第 5 课　婚姻大事

听力录音

热身问题

1. 你知道"剩男""剩女"是什么意思吗？
2. 你认为什么样的人是"剩男""剩女"？
3. 你觉得出现"剩男""剩女"的原因是什么？
4. 在你们国家一般对"剩男""剩女"怎么看？

第一部分

 词语

5-1

1	将近*	jiāngjìn	副	数量等将要接近。
2	以往*	yǐwǎng	名	过往，从前。
3	狭窄	xiázhǎi	形	狭小，不宽阔。
4	营造*	yíngzào	动	建造、制作。
5	验证*	yànzhèng	动	经过检验得到证实。
6	观念	guānniàn	名	人们对某方面的认识和觉悟。
7	层次	céngcì	名	某种事物的等级、顺序。
8	精致	jīngzhì	形	精巧细致。
9	美妙*	měimiào	形	美好奇妙。
10	多元	duōyuán	形	多样的，不单一的。
11	察觉*	chájué	动	通过观察发觉，看出来。
12	相貌	xiàngmào	名	一个人的面容长相。

53

13	花花绿绿*	huāhuālǜlǜ	形	形容颜色鲜艳多彩，也指热闹、繁华。
14	应有尽有*	yīngyǒu-jìnyǒu		应该有的都有，形容种类齐全。
15	应运而生	yìngyùn'érshēng		顺应天命而降生；多指随着某种形势而产生。
16	频繁*	pínfán	形	时间间隔很短，次数多。
17	急于*	jíyú	动	着急地想做某事。
18	权衡	quánhéng	动	原指称量物体的轻重，在此指比较。
19	回绝*	huíjué	动	比较明确地拒绝。
20	微微*	wēiwēi	形	幅度动作比较小。
21	一来二去	yīlái-èrqù		通过交往而渐渐产生某种情况。
22	致命*	zhìmìng	动	使人丧命，指非常严重的。
23	执意	zhíyì	副	坚持自己的意见。
24	倾心*	qīngxīn	动	倾慕，向往；也指男女之间的钟情爱慕。
25	绝望*	juéwàng		毫无希望。
26	典型	diǎnxíng	形	具有代表性的。
27	雷人	léi rén		出人意料，格外震惊。
28	无知*	wúzhī	形	缺乏知识和常识，不明事理。
29	陶醉*	táozuì	动	忘我地沉醉在某种境界或活动中。
30	印证*	yìnzhèng	动	通过对比，证明与事实相符。
31	膨胀	péngzhàng	动	向外扩大、胀大。
32	依赖*	yīlài	动	依靠信赖。
33	催生	cuī shēng		原指让胎儿早点儿降生；多指因某种原因而形成。

听力练习

一 **听第一遍录音，回答问题**

5-2

1. 作者认为出现"剩女"现象的主要原因是什么？
2. 生活贫困时期为什么几乎没有"剩女"？
3. "月光族"是什么意思？
4. 文章中提到的"剩女"对男友有些什么要求？

第 5 课　婚姻大事

二　听第二遍录音，选择正确答案

1. "剩女"是指_____。
   A. 没工作的姑娘　　　　　　　　B. 没有男朋友的姑娘
   C. 被挑剩下的姑娘　　　　　　　D. 到结婚年龄还不结婚的姑娘

2. 出现"剩女"现象是因为_____。
   A. 男女接触面狭窄　　　　　　　B. 社会没有营造适宜的环境
   C. 女孩儿自己的选择　　　　　　D. 亲友介绍太少

3. 改革开放以前几乎没有"剩女"是因为_____。
   A. 女性生活贫困　　　　　　　　B. 挑选余地不大
   C. 女性都急于结婚　　　　　　　D. 经济差别较大

4. 那位"白骨精"女孩儿回绝在读博士的理由是_____。
   A. 还在上学　　　　　　　　　　B. 无职无权
   C. 人不可靠　　　　　　　　　　D. 人太胖了

5. 那位"月光族"女孩儿不存钱的理由是_____。
   A. 将来一定可以嫁个有钱的丈夫　B. 喜欢购物
   C. 物价太高　　　　　　　　　　D. 养车养房

三　根据录音，判断对错

1. "剩女"现象是人和人之间的差距加大的结果。　　　　　　　　　（　　）
2. 成为"剩女"是因为现代女性的婚姻观念发生了改变。　　　　　（　　）
3. 作家不是一种职业，所以收入不稳定，不可靠。　　　　　　　（　　）
4. 每个女孩儿都相信有一个"白马王子"在等待自己。　　　　　　（　　）
5. "剩女"不一定是自身条件很差的女生。　　　　　　　　　　　（　　）

四　听录音，选择相应的词语

a. 白骨精　　　　b. 多元　　　　c. 白马王子
d. 月光族　　　　e. 一来二去　　f. 应运而生

1. _____　　2. _____　　3. _____
4. _____　　5. _____　　6. _____

五 根据录音填空

5-4

_____"剩女"已经成为一种社会现象,仅北京一地就有_____百万的"剩女"。_____"剩女"出现的原因,_____多认为是因为都市适婚男女接触面狭窄,无法为择偶_____一个适宜的环境。不过,这种观点并未得到_____。_____,"剩女"的出现很大程度上是由于女性婚姻_____发生了改变,是她们自己_____作出的选择。

无数实例_____了这样一个事实:对婚姻欲求无限_____,对自身条件缺乏认识,对男友或过于追求完美或过于_____,这些是_____"剩女"的主要原因。当然,大部分成为"剩女"的女孩儿还是出于_____的自我选择。因此,旁观者不必过于_____。_____,多元的社会_____多元的选择,无论哪种选择,只要是自愿的,自己觉得好,就是对的、有道理的。

口语练习

一 用所给词语或句式改写句子或完成句子

1. 说到

   例 说到"剩女"出现的原因,以往多认为是因为都市适婚男女接触面狭窄,无法为择偶营造一个适宜的环境。

   (1)关于择偶标准的问题,我觉得"萝卜青菜各有所爱",标准很难统一。

   _____
   _____。

   (2)关于保护环境,每个人都说得头头是道,具体到行动上就不是那么回事儿了。

   _____
   _____。

（3）说到培养教育孩子，_____。

（4）说到动物保护，_____。

2. **由于……难以……**

   例 由于婚姻中不能应有尽有，难以满足其追求高质量、高档次生活的愿望。

   （1）因为资金不足，经验不够，刚走出校门的年轻人很难自主创业。

   _____
   _____。

   （2）因为各级地方政府的大部分税收来自企业，因此，很难从根本上治理企业的污染问题。

   _____
   _____。

   （3）由于球队实力不足，外援乏力，_____
   _____。

   （4）由于他只学过一年中文，水平有限，_____
   _____。

3. **可惜**

   例 世上的女孩儿都想嫁"白马王子"，可惜，上天造出的多是普通人。

   （1）这个暑假我想去环游世界，不过我没有那么多钱。

   _____
   _____。

   （2）关于海地地震，几年前就有科学家预言过了，_____
   _____。

   （3）情人节那天，我想和女朋友一起度过，_____
   _____。

   （4）年轻人应该脚踏实地，不要眼高手低，_____
   _____。

4. 出于

例 大部分成为"剩女"的女孩儿还是出于理智的自我选择。

（1）大家一致认为，举行婚礼的主要目的是表示对婚姻的尊重。

_____。

（2）这些孩子说盗取银行密码只是_____

_____。

（3）他选择辞职_____

_____。

（4）他劝你不要继续和这个女孩儿交往了，不是因为嫉妒，_____

_____。

二 根据提示回答问题

1. 为什么说"剩女"现象和社会进步有关？
   （层次　需求　精致　多元　差距　欲求　应有尽有　单身贵族）

2. 举例说明"剩女"不是因为没有机会交男朋友。
   （白骨精　频繁　急于　博士　权衡　回绝　作家　不稳定）

3. 一些女孩儿存在的致命错误是什么？
   （白马王子　上天　执意　一见倾心　绝望　等待）

三 分组讨论

1. 你怎么理解"花花绿绿的世界"？
2. "单身贵族"指哪种人？有什么特点？
3. 你认为男女交往中哪些错误是"致命"的？
4. 举例说明一下什么是"雷人"？
5. 为什么说现代社会是"多元"的？

第5课　婚姻大事

第二部分

词语

5-5

1	取决于	qǔjué yú		由……来决定。
2	微妙*	wēimiào	形	精深复杂，难以捉摸。
3	天意*	tiānyì	名	上天的旨意。
4	制约	zhìyuē	动	限制，约束。
5	上古	shànggǔ	名	远古，多指商周秦汉时期。
6	中古	zhōnggǔ	名	较晚的古代，多指夏魏晋南北朝和隋唐时期。
7	延续	yánxù	动	延长继续下去。
8	赡养	shànyǎng	动	子女在物质上和生活上帮助父母。
9	包办*	bāobàn	动	一手操办负责，常指婚姻由双方父母决定。
10	基准	jīzhǔn	名	测量时的起算标准。
11	门当户对	méndāng-hùduì		男女双方家庭的社会地位和经济状况相当，结亲很合适。
12	声望	shēngwàng	名	人们所仰望的名声。
13	般配	bānpèi	形	相称，相配。
14	诸如	zhūrú	动	与此相同，例如。
15	投机*	tóujī	形	意趣相合；看准时机谋利。
16	默契*	mòqì	形	双方的意思不用说出而彼此行动一致。
17	甜蜜*	tiánmì	形	形容感到幸福、愉快。
18	冲突	chōngtū	动	双方矛盾表面化，发生争斗。
19	竭力*	jiélì	副	竭尽全力地。
20	劝阻*	quànzǔ	动	劝阻别人不要做某事。
21	结局	jiéjú	名	最后的结果。
22	延伸*	yánshēn	动	延长伸展。
23	户口	hùkǒu	名	住户和人口；户籍。
24	取代	qǔdài	动	排除别人，自己来占领原来的位置。
25	贤惠	xiánhuì	形	指妇女心地善良，通情达理。

听力练习

一 听第一遍录音,回答问题

1. 社会学家认为制约人类婚姻的三大动机是什么?
2. 中国传统婚姻中最重要的择偶标准是什么?
3. 改革开放以后,中国人的择偶观有何改变?
4. 城市中的男女青年在择偶时,条件有哪些异同?

二 听第二遍录音,选择正确答案

1. 上古时期,人类婚姻的最大动机是_____。
   A. 爱情　　　B. 经济　　　C. 子女　　　D. 家庭

2. 中国传统婚姻中的门当户对是指_____。
   A. 男女双方家族地位相当　　B. 男女双方兴趣相投
   C. 男女之间一见倾心

3. 传统婚姻中最重要的是_____。
   A. 爱情　　　B. 经济　　　C. 家族利益　　　D. 社会地位

4. 当今社会的门当户对主要指_____。
   A. 个人条件和地位　　B. 家族利益
   C. 家庭经济状况　　　D. 城乡差别

5. 现代女性择偶时最重要的条件是_____。
   A. 职业　　　B. 相貌　　　C. 才干　　　D. 身高

三 根据录音,判断对错

1. 现代人类婚姻的三大动机中,最重要的是爱情。　　　　　　(　)
2. 传统中国婚姻的基本目的之一是生儿育女。　　　　　　　(　)
3. 传统的门当户对是指男女个人条件相当,相处默契。　　　(　)
4. 现代中国的婚姻已经不再受户口制度的制约。　　　　　　(　)
5. 中国男性择偶时最重视的是对方是否有才干。　　　　　　(　)

第 5 课　婚姻大事

四　听录音，选择相应的词语

5-7

a. 般配　　b. 投机　　c. 贤惠
d. 赡养　　e. 门当户对　　f. 包办婚姻

1. _____　　2. _____　　3. _____
4. _____　　5. _____　　6. _____

五　根据录音填空

5-8

在中国的传统文化和习俗中，婚姻主要有以下几个基本目的：第一，生儿育女，_____家族；第二，_____父母，管理家产；第三，_____社会身份，_____财产。这样，传统的包办婚姻成了社会组织的_____之一，主要以家庭、家族的利益为_____，择偶标准是_____，即婚姻双方的家庭在社会地位、文化_____、生活方式、家族_____、经济状况和价值观念等方面互相_____，彼此认同。至于婚姻双方的个人喜好，诸如，谈得_____、相处_____甜蜜，那都是第二位的。如果爱情和家族利益发生_____，婚姻必将遭到家长的_____劝阻，以至坚决反对，其结局通常是_____的。

口语练习

一　用所给词语或句式改写句子或完成句子

1. **取决于**

    例　人类的婚姻从来就不取决于微妙的天意，而是受到三大动机制约。

    （1）哪支球队能拿到冠军，要看谁的实力最强。

    _____

    _____。

    （2）实习期结束后能否续约，就看你在实习期间的表现了。

    _____

    _____。

（3）一个人要想获得成功，_____
　　　_____。

（4）婚姻是否幸福美满，_____
　　　_____。

2. **至于**

例 至于婚姻双方的个人喜好，诸如，谈得投机、相处默契甜蜜，那都是第二位的。

（1）我现在的积蓄只能买一辆汽车，买房子还差得远，首付都不够。
　　　_____
　　　_____。

（2）中国近些年经济发展很快，不过，和发达国家相比还有相当的差距。
　　　_____
　　　_____。

（3）他们现在如胶似漆，看起来幸福甜蜜，_____
　　　_____。

（4）我现在在认真学习中文，努力了解中国文化，_____
　　　_____。

3. **以至**

例 如果爱情和家族利益发生冲突，婚姻必将遭到家长的竭力劝阻，以至坚决反对，其结局通常是悲剧性的。

（1）经过十几年、几十年，甚至上百年的努力，才有可能将一家不知名的小企业做大做强，最终进入世界 100 强的行列。
　　　_____
　　　_____。

（2）实验进入了关键阶段，他几乎 24 小时待在实验室，甚至连吃饭睡觉也顾不上。
　　　_____
　　　_____。

（3）他对女朋友说："我愿意为你付出一切，金钱，_____。"

（4）这部小说写得太动人了，_____。

4. **也就是说**

例 也就是说，门当户对的表现形式发生了变化。

（1）由于性格不合，我们打算分开一段时间，也可能会离婚。

_____

_____。

（2）他打电话说他今天要加班，_____

_____。

（3）没有人才就谈不上发展和创新，_____

_____。

（4）只有人人都认识到全球变暖带来的危害，才会自觉地保护环境。_____

_____。

二 根据提示回答问题

1. 社会学家认为人类婚姻的动机是什么？
（制约　上古时期　中古时期　现代）

2. 说说中国传统婚姻中的门当户对的含义。
（以……为基准　社会地位　生活方式　家族声望　般配　认同）

3. 延伸到现代的门当户对有什么特点？
（个人条件　户口制度　结构性障碍　只能　也就是说　表现形式）

4. 现代城市的年轻人在择偶标准方面有什么差异？
（就……而言　女性　才干　职业　身高　男性　相貌　贤惠　理家）

三 分组讨论

1. 你认为是否存在"天意"？
2. 你对"包办婚姻"怎么看？

3. 你怎么理解"般配"？
4. 你找结婚对象时，最看重什么条件？
5. 你对中国的户口制度了解多少？

综合练习

一 参考提示词语和句式，回答问题

1. 谈谈"剩女"产生的原因。
   （1）以往认为：适婚　　接触面　　营造　　环境
   （2）现代社会：差距　　欲求　　空间　　满足　　高档次　　单身贵族
   （3）事实印证：膨胀　　自身　　完美　　依赖
2. 讲述一下择偶标准中的"门当户对"。
   （1）社会学家认为：三大动机　　上古时期　　中古时期　　现代
   （2）中国传统的婚姻：目的　　包办　　以……为基准　　家庭　　般配
   　　　　　　　　　　利益　　劝阻　　悲剧
   （3）改革开放后：个人条件　　户口制度　　限制　　结构性障碍
   　　　　　　　　也就是说　　表现形式

二 小组活动

1. 从"剩女"的角度谈谈成为"剩女"的原因。
2. 作为"剩女"的亲友，表达对"剩女"的看法。
3. 谈谈你们国家择偶标准发生的变化。
4. 调查一下班里同学的择偶标准，然后比较一下男女生的异同。

三 讨论

1. 成为"剩女"是自己的选择，你是否认同这种看法，为什么？
2. 你是否赞成择偶标准中的"门当户对"？请说明理由。
3. 网上查找相关资料，简单介绍一下你们国家的"户口制度"。
要求：至少运用本课所学过的10个词语，3个句式。

四 成段表达

词语与文化（5）：爱情

要求：试着说出以下词语所表达的意思，并进行总结概括。再搜集一些和爱情、
婚姻有关的词语或俗话，与同学交流分享。

早恋	初恋	热恋	恋人	情人	红娘	鹊桥
鸳鸯	红豆	生死恋	心上人	意中人		

情窦初开　　一见钟情　　青梅竹马　　情投意合　　两相情愿
郎才女貌　　谈情说爱　　卿卿我我　　含情脉脉　　如胶似漆
比翼双飞　　花好月圆　　风花雪月　　花前月下　　天作之合
百年好合　　白头到老　　海枯石烂　　举案齐眉　　夫唱妇随
相濡以沫　　喜新厌旧　　见异思迁　　红杏出墙　　月下老人
情人眼里出西施　　有情人终成眷属　　癞蛤蟆想吃天鹅肉
执子之手，与子偕老　　男大当婚，女大当嫁
一朵鲜花儿插在牛粪上　　在天愿为比翼鸟，在地愿为连理枝
有缘千里来相会，无缘对面不相识

第6课 明星的烦恼

听力录音

热身问题

1. 你觉得"粉丝"是什么样的人？
2. 你做过"粉丝"吗？你是谁的"粉丝"？
3. 你觉得明星应该怎样对待自己的粉丝？
4. 你认为作为"粉丝"应该注意些什么？

第一部分

 词语

6-1

1	粉丝	fěnsī	名	指明星的崇拜者；fans。
2	原本*	yuánběn	副	原来，本来。
3	选秀	xuǎnxiù	动	选拔优秀。
4	纯粹*	chúncuì	形	单纯的，无掺杂的。
5	形形色色*	xíngxíngsèsè	形	各种各样。
6	类型*	lèixíng	名	具有共同特征的事物形成的种类。
7	大牌*	dàpái	形	实力强的，名气大的。
8	痴迷*	chīmí	动	极其迷恋。
9	狂热*	kuángrè	形	一时而起的极度热情。
10	寄托*	jìtuō	动	把感情、希望等放在某事或某人上。
11	魅力*	mèilì	名	极其吸引人的力量。

第6课　明星的烦恼

12	莫大*	mòdà	形	极大，没有更大的。
13	倘若*	tǎngruò	连	如果，书面语。
14	包容*	bāoróng	动	容纳，宽容。
15	事与愿违	shìyǔyuànwéi		实际情况和所希望的相反。
16	正经*	zhèngjing	形	正当的，本该做的。
17	偶像	ǒuxiàng	名	迷信的人供奉的人像，也比喻崇拜的对象。
18	铁杆	tiěgǎn	形	坚定的，顽固不化的。
19	敷衍了事	fūyǎnliǎoshì		对所做的事情表面应付，实际上不负责、不诚恳。
20	高高在上	gāogāo-zàishàng		形容领导者脱离群众，不去了解实际。
21	真相大白	zhēnxiàng dàbái		最后终于完全了解事情的真相。
22	满腹怅然*	mǎnfù chàngrán		心里充满了怨恨、失望。
23	霸道	bàdao	形	蛮横不讲理。
24	不单*	bùdān	副	不只是。
25	出言不逊	chūyán búxùn		说话不客气，比较粗鲁。
26	无休无止	wúxiū-wúzhǐ		没有休止，不停。
27	纠缠	jiūchán	动	缠绕在一起，找人麻烦。
28	观赏	guānshǎng	动	观看欣赏。
29	消遣*	xiāoqiǎn	动	用令自己愉快的事儿来打发时间。
30	皆大欢喜	jiēdàhuānxǐ		所有人都满意、高兴。

听力练习

一　听第一遍录音，回答问题

6-2

1. 粉丝指什么样的人？举例说明。
2. 粉丝的痴迷和狂热表现在什么方面？
3. 粉丝对明星造成哪些困扰？
4. 粉丝和明星应该如何相处？

二 听第二遍录音，选择正确答案

1. 粉丝原本是指_____。
   A. 一种食物　　　B. 选秀　　　C. fans　　　D. 一种丝绸

2. 对粉丝们来说，明星就是他们的_____。
   A. 快乐源泉　　　B. 厌恶对象　　　C. 精神寄托　　　D. 人生目标

3. 明星伤害粉丝的表现是_____。
   A. 很霸道　　　B. 高高在上　　　C. 出言不逊　　　D. 犯罪

4. 粉丝们伤心落泪是因为_____。
   A. 没有见到明星　　　B. 没有拿到明星的签名
   C. 没有和明星合影　　　D. 明星做了违背社会道德的事情

5. 明星和粉丝之间应该_____。
   A. 互相包容　　　B. 痴而不迷　　　C. 敷衍了事　　　D. 爱而不狂

三 根据录音，判断对错

1. 粉丝就是"追星族"。　　　　　　　　　　　　　　　　　（　　）
2. 你喜欢一个节目，就可以说是这个节目的粉丝。　　　（　　）
3. 典型的粉丝是相对于所有的明星而言的。　　　　　　（　　）
4. 明星和粉丝之间很少产生矛盾。　　　　　　　　　　（　　）
5. 粉丝要求明星签名、合影、公开私生活是正常的。　（　　）

四 听录音，选择相应的词语

a. 敷衍了事　　　b. 形形色色　　　c. 无休无止
d. 出言不逊　　　e. 皆大欢喜　　　f. 高高在上

1. _____　　　2. _____　　　3. _____
4. _____　　　5. _____　　　6. _____

五 根据录音填空

有时是明星_____了粉丝。有的粉丝_____地扔下了自己的_____事

第 6 课　明星的烦恼

儿而去疯狂追星，明星走到哪里就追随到哪里，以求得与偶像_____接触的机会，付出不可谓不大。然而，有的明星却不拿这些_____粉丝当回事儿，他们表演_____，活动不按时露面，即使来了也是_____不情愿，_____的样子。而另一些明星呢，不好好儿珍惜自己的形象，做出违背社会基本价值的恶行，一旦_____，粉丝们不免伤心落泪，_____。

有时是粉丝_____了明星。有些粉丝过于_____，完全不顾明星的_____，不单没完没了地要求签名、合影，稍有不如意就_____。而另一些粉丝因为痴迷过度而失去了正常的理智，_____地纠缠，干扰明星的私生活，有人甚至因为追星而去犯罪、杀人。

口语练习

一　用所给词语或句式改写句子或完成句子

1. **相对于……而言**

   例　典型的粉丝还是相对于某个大牌球星、歌星、影星而言的。

   （1）中国人民的生活水平和前些年相比已经有了很大的提高，但和发达国家相比还是有相当大的差距。

   _____
   _____。

   （2）一个人聪明还是笨是通过与他人比较才能看出的，没有绝对统一的标准。

   _____
   _____。

   （3）贵还是便宜是_____，所谓一分价钱一分货。

   （4）"情人眼里出西施"的意思是_____
   _____。

2. 倘若

例 倘若果真如此，明星和粉丝们应该相互包容、互利双赢才对，但是事与愿违，两者之间却常常产生矛盾。

（1）如果我可以再上一次大学，我一定努力学习，不再浪费时间。
　　_____
　　_____。

（2）如果来生我们再相遇，我一定不会让美好姻缘白白溜走。
　　_____
　　_____。

（3）_____，人类很可能会从地球上消失。

（4）_____，我们的生活该是多么乏味！

3. 以

例 明星走到哪里（粉丝）就追随到哪里，以求得与偶像近距离接触的机会。

（1）他诚恳地向朋友道歉，希望朋友能原谅他。
　　_____
　　_____。

（2）在一个韩国的冬令营中，为了磨炼意志和品质，孩子们在冰天雪地里锻炼。
　　_____
　　_____
　　_____。

（3）节日临近，警方加大了对酒后驾车的督察力度，_____
　　_____。

（4）大学生们利用假期，积极参加社会实践活动，_____
　　_____。

4. 一旦

例 一旦真相大白，粉丝们不免伤心落泪，满腹怅然。

第 6 课　明星的烦恼

（1）酒后驾车后果很严重，轻则罚款拘留，重则车毁人亡。
　　　。

（2）油库重地，严禁烟火，如果不小心发生火灾，后果将不堪设想。
　　　。

（3）专家认为，中国的房地产存在严重泡沫，　　　。

（4）老年人最好和儿女同住，或去敬老院，否则　　　。

二　根据提示回答问题

1. "粉丝"这个词是怎么来的？
    （原本　选秀　来源于　借助　广为）

2. 粉丝的类型有哪些？举例说明。
    （节目　书　人　同学　同事）

3. 明星做了有哪些事情会伤害粉丝？
    （拿……当回事儿　敷衍了事　高高在上　珍惜　违背　恶行）

4. 作为粉丝有哪些失当的言行需要注意？
    （霸道　没完没了　出言不逊　理智　纠缠　干扰　犯罪）

5. 明星与粉丝应该如何和谐相处？
    （尊重　理智　回报　消遣　皆大欢喜）

三　分组讨论

1. 举例说明粉丝的具体含义。
2. 你觉得自己的精神寄托是什么？
3. 什么样的人会"耍大牌"？
4. 你认为什么样的人、在什么时候会纠缠不清？
5. 请简单说明一下什么是"一百个不情愿"。

第二部分

词语

6-5

1	擅长	shàncháng	动	擅于做某事。
2	追踪	zhuīzōng	动	按照踪迹或线索寻找。
3	案件	ànjiàn	名	有关诉讼的事件。
4	跟踪	gēnzōng	动	跟在别人后面。
5	窥探	kuītàn	动	暗地里察看。
6	炒作	chǎozuò	动	为某种目的使用大众传媒夸大事实、扩大影响。
7	小道儿消息	xiǎodàor xiāoxi		道听途说、没有得到官方证实的消息。
8	绯闻	fēiwén	名	和不正当男女关系有关的传闻。
9	丑闻	chǒuwén	名	违反社会伦理的丑事。
10	素材	sùcái	名	文学、艺术的原始材料。
11	谈资*	tánzī	名	闲聊的材料。
12	守望者	shǒuwàngzhě	名	为某处站岗、发出预警的人。
13	滥用	lànyòng	动	超出范围、过度地使用。
14	监督	jiāndū	动	察看，督促。
15	添油加醋	tiānyóu-jiǎcù		在叙述中夸张并加入原来没有的内容。
16	演艺	yǎnyì	名	需经过表演完成的艺术。
17	不择手段	bùzé-shǒuduàn		为达到目的而不在乎所采用的方法。
18	爱恨情仇	àihènqíngchóu		人际间的种种情感。
19	轰动	hōngdòng	动	在公众中造成极大的影响。
20	酿成	niàng chéng		逐渐形成，造成。
21	尖锐	jiānruì	形	矛盾或对立极其激烈。
22	对立	duìlì	动	两者之间相互矛盾、排斥。
23	签署	qiānshǔ	动	在重要文件上签字。

第 6 课 明星的烦恼

听力练习

一 听第一遍录音，回答问题

6-6

1. 狗仔队是指什么人？
2. 狗仔队主要做些什么事情？
3. 黛安娜王妃发生车祸的主要原因是什么？
4. 狗仔队的存在有无必要？

二 听第二遍录音，选择正确答案

6-6

1. "狗仔队"一词来自_____。
   A. 美国　　　B. 日本　　　C. 中国香港　　　D. 中国台湾

2. 有些狗仔队一天用多长时间盯着名人？
   A. 八小时　　B. 十二小时　　C. 十六小时　　D. 二十四小时

3. 狗仔队最感兴趣的新闻是明星的_____。
   A. 行程　　　B. 演出　　　C. 住所　　　D. 绯闻

4. 签署《反狗仔队法》的人是美国_____。
   A. 学者　　　B. 州长　　　C. 艺人　　　D. 记者

5. "以非法手段取得名人照片者"将被_____。
   A. 处以刑事拘留　　　　B. 开除公职
   C. 处以高额罚款　　　　D. 停止办报

三 根据录音，判断对错

1. 中国香港的记者擅长报道事件，所以被称为"小狗队"。　　（　　）
2. 狗仔队的新闻是为了满足读者不高尚的情趣。　　　　　　（　　）
3. 狗仔队的行为是在使用正当的报道监督权。　　　　　　　（　　）
4. 黛安娜王妃死于狗仔队的追逐。　　　　　　　　　　　　（　　）
5. 有些艺人认为狗仔队有必要存在。　　　　　　　　　　　（　　）

73

四 听录音,选择相应的词语

a. 小道儿消息　　b. 绯闻　　c. 不择手段
d. 低级趣味　　　e. 添油加醋　　f. 素材

1. _____　　2. _____　　3. _____
4. _____　　5. _____　　6. _____

五 根据录音填空

　　新闻记者的角色原本是提供信息,作为社会大众的_____,但一些狗仔队却_____公众给予的报道监督权。他们不甘于等待新闻、如实报道,而是去主动创造新闻、_____。于是,一批批狗仔队聚集在演艺明星、_____四周,不单紧盯名人一天的行程,甚至从各种角度用高技术镜头拍摄明星的_____,以至于把诸如卧室、浴室的私密情景全都搬上媒体。在这种_____的恶意炒作、恶性竞争下,狗仔队与明星之间上演了一幕幕_____,有时难免会造成意外。其中最为轰动的是,一群狗仔队飞车追逐英国黛安娜王妃的座车,最后酿成戴妃_____的悲剧事件。

口语练习

 用所给词语或句式改写句子或完成句子

1. **源自 / 来自**

   例 "狗仔队"一词源自欧美,其中文翻译则来自中国香港。

   (1) "China"一词最早是指中国的瓷器,后来才用来指中国。

   _____
   _____。

   (2) 很多伟大的艺术品都是民间艺人们创造出来的。

   _____
   _____。

第6课　明星的烦恼

（3）中国名茶"碧螺春"的得名有一个古老的传说。

　　_____
　　_____。

（4）一个人的成功不是靠侥幸和运气，而是_____
　　_____。

2. 热衷于

　例　他们热衷于把名人的绯闻、丑闻作为独家报道的素材，以满足部分读者的低级趣味。

（1）很多女孩子对逛街购物特别有兴趣，这也是"月光族"的特点之一。

　　_____
　　_____。

（2）近些年来，这位企业家一直对帮助农村孩子上学很热心，已捐资建立了三所小学。

　　_____
　　_____。

（3）现在各种减肥药都很畅销，这是因为_____
　　_____。

（4）现在的年轻人_____
　　_____。

3. 不单……甚至……以至于……

　例　（他们）不单紧盯名人一天的行程，甚至从各种角度用高技术镜头拍照明星的一举一动，以至于把诸如卧室、浴室的私密情景全都搬上媒体。

（1）很多家长"望子成龙"心切，孩子们不光平时要参加各种兴趣班，连周末也不能休息，使得一些孩子出现了厌学情绪。

　　_____
　　_____。

75

（2）这个地区不但没有公路，不通火车，连饮水都成问题，姑娘们都尽力往外嫁，出现了一些"光棍村"。

_____

_____。

（3）孩子太早出国留学弊大于利，_____

_____。

（4）我反对未婚同居，_____

_____。

4. 难免

例 在这种不择手段的恶质炒作、恶性竞争下，狗仔队与明星之间上演了一幕幕爱恨情仇，有时难免会造成意外。

（1）他刚走出校门，经验不足，工作中会出现一些问题。

_____

_____。

（2）两个性格不同、家庭背景也有差别的人结成夫妻，怎么可能不发生矛盾呢？

_____

_____。

（3）留学生到了一个新的国家，语言不通，_____

_____。

（4）这种技术目前还不太成熟，_____

_____。

三 根据提示回答问题

1. 说说狗仔队的由来。
   （源自　来自　刑警　后来　创造　专指）

第 6 课　明星的烦恼

2. 请列举狗仔队的劣迹。
   （苍蝇　紧盯　窥探　独家报道　低级　谈资）

3. 为什么说狗仔队滥用了报道监督权？
   （不甘于　添油加醋　不单……甚至……以至于……　私密　媒体）

4. 关于对狗仔队立法的问题有什么不同的观点？
   （法律　签署　处以　反对　市场机制　淘汰）

三　分组讨论

1. 什么趣味是低级趣味？
2. 你觉得什么行为算是滥用权力？
3. "炒"在汉语中有哪些意义？
4. 你还知道哪些结构类似"爱恨情仇"的词语？
5. 社会中哪些问题适合用市场机制解决，哪些是它解决不了的？

综合练习

一　参考提示词语和句式，分组接龙进行复述

1. 叙述粉丝对明星造成的困扰。
   原本　追星族　形形色色　痴迷　寄托　莫大　魅力
   正经事　追随　签名　合影　没完没了　无休无止　出言不逊

2. 叙述明星对狗仔队的反感。
   无良　窥探　炒作　紧盯　添油加醋　不择手段　一举一动
   绯闻　低级趣味　车毁人亡　制定《反狗仔队法》
   不单……甚至……以至于……　难免

二　小组活动（每人选择感兴趣的话题至少发言3分钟）

1. 请从明星的角度述说"明星的烦恼"。
2. 请从粉丝的角度述说对"耍大牌"明星的不满。

3. 请从狗仔队的角度述说采访明星和获得新闻的不易。
4. 你作为一个读者如何看待狗仔队的行为。

三 讨论

1. "明星作为公众人物就应该公开自己的私生活",你对此怎么看?为什么?
2. 你认为是否有必要设立《反狗仔队法》?请说明理由。
要求:至少运用本课所学过的8个词语,4个句式。

四 成段表达

词语与文化(6):网络用语

要求:试着找到并说出以下网络流行语所表达的意思,也请说说自己母语中的类似情况。

萌	粉	晕	宅	闪		
88(再见)	55(哭声)	520(我爱你)		995(救救我)	3Q(谢谢)	
马甲	楼主	恐龙	土豪	人品	酱紫	脑残	腹黑
肿么	菜鸟	坑爹	逆袭	山寨	躺枪	吐槽	
火星文	高富帅	白富美	毁三观	重口味	杀马特		
碎一地	秀下限	打酱油					
喜大普奔	被雷到了	躺着中枪	蓝瘦香菇				
神马都是浮云	有钱就是任性	理想很丰满,现实很骨感					

第7课 蒙娜丽莎的微笑

听力录音

热身问题

1. 你看过《蒙娜丽莎》这幅画吧？是什么时候在哪儿看的？
2. 你对蒙娜丽莎的微笑有什么感觉？
3. 你认为《蒙娜丽莎》为什么这么有名？
4. 关于《蒙娜丽莎》你还知道些什么？

第一部分

词语

7-1

1	嘴角*	zuǐjiǎo	名	唇角，上下唇相连的地方。
2	部位*	bùwèi	名	整体中某部分的位置。
3	若隐若现	ruòyǐn-ruòxiàn		形容隐约可以看见，又似乎看不清楚的样子。
4	从而	cóng'ér	连	表示结果或进一步的行动。
5	捉摸不定	zhuōmō búdìng		猜不透；不能准确地猜测。
6	凝视*	níngshì	动	不眨眼睛，专注地看。
7	优雅*	yōuyǎ	形	优美高雅。
8	舒畅	shūchàng	形	心情舒服畅快。
9	忧郁*	yōuyù	形	忧伤抑郁。
10	哀伤	āishāng	形	悲痛忧伤。
11	面部*	miànbù	名	脸。

79

12	遮掩*	zhēyǎn	动	遮盖、掩藏。
13	中风	zhòng fēng		得了中风这种病，中风多由脑出血、脑血栓引起，头痛、眩晕或失去知觉。
14	松弛	sōngchí	形	不紧密；不紧张。
15	怀孕	huái yùn		pregnant。
16	流露*	liúlù	动	意思或感情不自觉地表现出来。
17	近乎	jìnhū	动	接近于。
18	无稽之谈	wújī zhī tán		没有根据、无法考证的言论或说法。
19	激素	jīsù	名	hormone。
20	解读	jiědú	动	阅读理解。
21	时隐时现	shíyǐn-shíxiàn		有时隐约可以看见，有时又看不清楚。
22	神秘莫测	shénmì mò cè		非常神秘，没有办法猜测。
23	视网膜	shìwǎngmó	名	眼球内层的透明薄膜；retina。
24	细致	xìzhì	形	精细周密，仔细精致。
25	印记	yìnjì	名	一种标记或痕迹。
26	留意	liú yì		留心注意。
27	阴影	yīnyǐng	名	阴暗的影子；shadow。
28	注重	zhùzhòng	动	注意、重视。
29	颧骨	quángǔ	名	位于面前中部、眼眶的下方的骨头。
30	弧度	húdù	量	平面角的度量单位；radian。
31	捕捉	bǔzhuō	动	捉拿，抓住。

听力练习

一 听第一遍录音，回答问题

7-2

1. 关于蒙娜丽莎的微笑有哪些看法？试举一两个例子。
2. 为什么大家对蒙娜丽莎的微笑看法会有不同？
3. 利文斯通博士的解读是怎样的？
4. 人的眼睛接收影像的部分可以分为什么？

二 听第二遍录音，选择正确答案

1. 人的笑容主要表现在什么部位？
   A. 嘴角　　　　　　B. 眼睛里　　　　　C. 眉毛上　　　　　D. 嘴巴

2. 约瑟夫博士认为蒙娜丽莎是在遮掩_____。
   A. 牙齿不整齐　　　　　　　　B. 没有门牙
   C. 牙齿疼痛　　　　　　　　　D. 牙齿颜色不好

3. 让·雅克博士认为蒙娜丽莎的相貌能够显示她_____。
   A. 怀孕了　　　　　B. 中风了　　　　　C. 离婚了　　　　　D. 表情复杂

4. 录音中提到，有人认为蒙娜丽莎的表情显得很陶醉是因为_____。
   A. 感到很满足　　　　　　　　B. 吃饱了
   C. 吃了巧克力　　　　　　　　D. 睡了一个好觉

5. 人的眼睛什么时候可以看到蒙娜丽莎的笑容？
   A. 人眼的中央部分在注视蒙娜丽莎的嘴巴时
   B. 人眼的中央部分在注视蒙娜丽莎的眼睛时
   C. 人眼的外围部分在注视蒙娜丽莎的嘴巴时
   D. 人眼的外围部分在注视蒙娜丽莎的眼睛时

三 根据录音，判断对错

1. 蒙娜丽莎的微笑令人捉摸不定。　　　　　　　　　　　　　　（　　）
2. 虽然观赏者的角度不同，但感受是相同的。　　　　　　　　　（　　）
3. 蒙娜丽莎双手交叉放在腹部是因为吃了巧克力。　　　　　　　（　　）
4. 人眼中负责分辨颜色和细致印记的是中央部分。　　　　　　　（　　）
5. 由于人的位置不同，所以蒙娜丽莎的微笑若隐若现。　　　　　（　　）

四 听录音，选择相应的词语

| a. 心满意足 | b. 无稽之谈 | c. 神秘莫测 |
| d. 若隐若现 | e. 捉摸不定 | f. 不尽相同 |

1. _____　　　2. _____　　　3. _____
4. _____　　　5. _____　　　6. _____

五 根据录音填空

1. 一般说来，人的笑容主要表现在眼角和_____上，可是达·芬奇却把《蒙娜丽莎》的这些_____画得_____，从而形成了令人_____的"神秘的微笑"。当你_____着《蒙娜丽莎》时，有时会觉得她的笑容_____而舒畅，有时却又显得_____而略带几分_____……500多年来，对于蒙娜丽莎的神秘微笑，由于观赏的角度不同，观者的_____似乎也不尽相同。

2. 蒙娜丽莎的微笑_____，不是因为画中人物表情_____，而是与人体_____有关。

口语练习

一 用所给词语或句式改写句子或完成句子

1. **从而**

   例 达·芬奇却把《蒙娜丽莎》的这些部位画得若隐若现，从而形成了令人捉摸不定的"神秘的微笑"。

   （1）由于医疗技术水平日益提高，医疗卫生体制逐渐健全，这样一来，大大提高了人们的平均寿命。
   _____
   _____。

   （2）政府在农村实行了减免税收、提高农产品价格等政策，由此激发了农民种地种粮的积极性。
   _____
   _____。

   （3）幸亏你及时排除了事故隐患，_____
   _____。

   （4）为了应对金融危机，各国政府采取了一系列措施，_____
   _____。

第 7 课　蒙娜丽莎的微笑

2. 有时……，有时却……

例 有时会觉得她的笑容优雅而舒畅，有时却又显得忧郁而略带几分哀伤。

（1）这家游乐园的哈哈镜厅有十几面镜子，同一个人的镜像有的苗条细长，有的短粗矮胖。

　　_____

　　_____。

（2）一个人的心境会随着天气和环境的不同而有所变化，或者欢快欣然，或者压抑郁闷。

　　_____

　　_____。

（3）有人说，孩子是天使和恶魔的混合体，_____

　　_____。

（4）由于心理素质不过硬，他的成绩忽好忽坏，_____

　　_____

　　_____。

3. 由于……不同，……也不尽相同

例 由于观赏的角度不同，观者的感受似乎也不尽相同。

（1）因为文化背景不同，东西方在人生观和价值观上的看法也不太一样。

　　_____

　　_____。

（2）由于性别不同，男女双方对爱情和婚姻的态度也有所区别。

　　_____

　　_____。

（3）由于从小生长环境的不同，_____

　　_____。

（4）_____，处理财产的做法也不尽相同。

4. （之所以……），是源于……

例 蒙娜丽莎的笑容之所以若隐若现，是源于人们目光位置的不断转变。

（1）这次在世界范围内发生金融危机，主要是因为美国发生了次贷危机。
　　_____
　　_____。

（2）中华文明在世界上的影响越来越广泛，是因为中华几千年的历史和文化积淀。
　　_____
　　_____。

（3）中东地区局部冲突和战争不断，_____
　　_____。

（4）他们两个人之间冲突不断，_____
　　_____。

二　根据提示回答问题

1. 蒙娜丽莎的微笑为什么显得很神秘？
　　（有时……，有时却……　观赏的角度　观者的感受）

2. 对蒙娜丽莎的微笑，文章中有几种不同的解读？
　　（门牙　遮掩　中风　松弛　怀孕　流露　巧克力　人体视觉系统）

3. 根据文章，吃了巧克力的人会有什么感觉？为什么？
　　（苯乙胺　陶醉　激素）

4. 蒙娜丽莎的微笑为什么时隐时现？
　　（不是……，而是……　神秘莫测　视觉系统　中央部分　外围部分　阴影　弧度　捕捉　目光　转变）

三　分组讨论

1. 请描述一下"中风"病人的样子。
2. 你认为什么样的事情是"无稽之谈"？

3. 为什么文章中要引用某某博士的说法?
4. 你对人的感知系统知道多少?
5. 什么时候你会感到"心满意足"?

第二部分

词语

7-5

1	整容*	zhěng róng		给有缺陷的身体部位实行手术,使其变得美观。
2	争论不休	zhēnglùn bùxiū		各执己见,互相辩论,一直不停。
3	哗众取宠	huázhòng-qǔchǒng		用言论和行动迎合众人的喜好,来博得好感和拥护。
4	垫	diàn	动	衬或铺在底下。
5	下巴*	xiàba	名	脸部最下面的部分。
6	重塑*	chóngsù	动	重新塑造。
7	比例	bǐlì	名	一种事物在总体部分所占的分量。
8	铺路石	pūlùshí	名	铺设道路所用的石子。比喻为做某事创造条件。
9	经纪人	jīngjìrén	名	促成双方买卖或合作,从中取得佣金的人。
10	野蛮	yěmán	形	不文明,蛮横残暴。
11	项目	xiàngmù	名	事物按性质分成的类别。
12	占据*	zhànjù	动	占有,取得或保持。
13	鱼尾纹*	yúwěiwén	名	人的眼角与鬓角之间的皱纹,纹路与鱼尾上的相似。
14	抬头纹*	táitóuwén	名	前额上的皱纹,多为横纹。
15	抽脂	chōu zhī		抽取脂肪。

听力练习

一 听第一遍录音，回答问题

1. 中国已经进入"人造美男"时代了吗？
2. "人造美男"大部分从事什么职业的？
3. 去整容的男士基本可以分为几大类？
4. 男士整容大部分集中在哪几个部位？

二 听第二遍录音，选择正确答案

1. 一些男人要做"人造美男"是为了_____。
   A. 炒作　　　　B. 美丽　　　　C. 找工作　　　　D. 提职

2. 男士们做整容最多的部位是_____。
   A. 眼睛　　　　B. 鼻子　　　　C. 脸颊　　　　D. 嘴巴

3. 现在整容的男士占所有整容者的比例是_____。
   A. 10%　　　　B. 20%　　　　C. 30%　　　　D. 40%

4. "野蛮女友"是指_____。
   A. 外国的女朋友　　　　B. 很粗暴的女朋友
   C. 很漂亮的女朋友　　　　D. 很强势的女朋友

5. 中年男士整容是为了_____。
   A. 提职　　　　B. 家庭　　　　C. 事业　　　　D. 恢复青春

三 根据录音，判断对错

1. 人们在为"人造美男"之事争论不休。（　　）
2. 整容已经成为男士们追求时尚潮流的热点。（　　）
3. 来整容的主要是正在找工作的学生一族。（　　）
4. 来整容的演艺界人士很多是由家人陪同来的。（　　）
5. "野蛮女友"的男朋友要整成女朋友喜欢的模样。（　　）

四 听录音，选择相应的词语

a. 炒作　　　　b. 哗众取宠　　　　c. 争论不休
d. 经纪人　　　e. 铺路石　　　　　f. 整容

1. _____　　　2. _____　　　3. _____
4. _____　　　5. _____　　　6. _____

五 根据录音填空

_____只是女人的事儿？这个观念现在已经_____了。当人们还在为"人造美女"之事_____的时候，一些男人也跳了出来，_____着要做"人造美男"。不要以为这只是某些_____的男人在进行炒作，实际上已有越来越多的男人走进了美容院，去垫一个汤姆•克鲁斯的鼻子，或者阿兰•德龙的_____，_____一个全新的自己……

有关方面的调查_____，整容已逐渐成为男士们追求时尚潮流的一大_____。以前男性整容者的比例只占10%，_____每5个整容的人中就有1个是男性，_____了所有整容者的20%。中国医学科学院整形外科医院每天都有10名_____的男士前来做整容手术。

口语练习

一 用所给词语或句式改写句子或完成句子

1. **当……的时候**

   例 当人们还在为"人造美女"之事争论不休的时候，一些男人也跳了出来，叫嚷着要做"人造美男"。

   （1）如果你不清楚怎么办，最好不要轻易做出决定。

   _____
   _____。

（2）二十年前我还是个大学生，那时候图书馆里还没有电脑，更不要说上网了。
_____
_____。

（3）当我还是个孩子的时候，_____
_____。

（4）当你面对困难的时候，_____
_____。

2. 不要以为……，实际上……

例 不要以为这只是某些哗众取宠的男人在进行炒作，实际上已有越来越多的男人走进了美容院。

（1）你觉得事情做得非常隐秘，没有人知道，其实世上没有不透风的墙。
_____
_____。

（2）微型汽车看起来很省油，其实它的耗油量和一般的汽车差不多。
_____
_____。

（3）不要以为你闯一下红灯没什么，_____
_____。

（4）不要以为他是孩子就可以哄骗他，_____
_____。

3. 虽然……，但……还是……

例 虽然几乎所有的女性整容项目都有男性尝试，但男士整容的部位还是以下巴和鼻子为主。

（1）安眠药对失眠很有效，可是我还是认为通过改善饮食、加强运动等方法自然入睡更利于身体健康。
_____
_____。

第7课　蒙娜丽莎的微笑

（2）现在服务业越来越发达，餐厅比比皆是，不过我还是喜欢自己亲手做出美味佳肴。

　　_____

　　_____。

（3）虽然家用电器给人们提供了极大的方便，_____

　　_____。

（4）虽然她觉得小李并不完美，有这样那样的缺点，_____

　　_____。

4. **以……为主　占据/达到……**

例　虽然几乎所有的女性整容项目都有男性尝试，但男士整容的部位还是以下巴和鼻子为主，占据了男性整容者的一半以上。

（1）诺贝尔奖得主主要来自欧美国家，其中美国的获奖者超过了三分之一。

　　_____

　　_____。

（2）中国的通信公司主要是中国移动和中国联通，覆盖了大半个通信市场。

　　_____

　　_____。

（3）近些年，中国的大豆主要依赖进口，_____

　　_____。

（4）在外语院校，男女性别比例差距越来越大，_____

　　_____。

二　根据提示回答问题

1. 整容只是女人的事儿吗？
　　（观念　过时　争论不休　哗众取宠　走进　垫）

2. 男士们整容的比例有怎样的变化？
　　（以前　10%　如今　20%　每天10名左右）

3. 做整容的男士主要是哪些人？
   （表演　演艺事业　野蛮女友　改善衰老）

4. 男士们整容的部位主要是哪些？
   （以……为主　占据　对于……来说）

三　分组讨论

1. 如果你可以整容，你最想整什么部位？
2. 你对"人造美女"怎么看？
3. 什么是"野蛮女友"？有什么特点？
4. 青春可以恢复吗？

综合练习

一　参考提示词语和句式，分组接龙进行复述

1. 蒙娜丽莎的微笑
   （1）一般说来……，可是……，从而……　　当……时，有时……，有时……
   （2）约瑟夫博士：根本　遮掩
       让·雅克博士：相貌　中风　松弛
       肯尼思博士：怀孕　流露　交叉
   （3）利文斯通博士：不是……而是……　中央部分　外围部分　源于

2. 人造美男
   （1）当……时　叫嚷　炒作　实际上
   （2）据……，基本可以分为四大部分：第一部分……；第二部分……；第三部分……；第四部分……

二　小组活动

1. 讲一个关于《蒙娜丽莎》的故事或传说。
   要求：叙述完整，如故事或传说的来源，有何根据，你们的看法等。时间5分钟。

2. 介绍达·芬奇。

要求：介绍达·芬奇的个人生平，绘画风格和成就，后人的评价等。时间 5 分钟。

3. 据你所知，你们国家的整容业的情况怎么样？

要求：包括介绍、分析、相关数据和你的评价。时间 5 分钟。

三 成段表达

词语与文化（7）：哭与笑

要求：试着说出以下这些词语所表达的意思，并进行总结概括，与同学交流分享。也请对比一下你们国家有没有类似的表达。

1. 笑：

笑脸　　笑容　　笑声　　冷笑　　欢笑　　微笑　　傻笑　　憨笑
狂笑　　苦笑　　可笑　　嘲笑　　取笑　　讥笑　　窃笑　　暗笑
笑呵呵　　笑哈哈　　闹笑话　　开玩笑　　笑面虎
哑然失笑　　似笑非笑　　眉开眼笑　　哄堂大笑　　欢声笑语
谈笑风生　　笑逐颜开　　破涕为笑　　笑容可掬　　强颜欢笑
不苟言笑　　嬉皮笑脸　　笑里藏刀　　啼笑皆非　　贻笑大方
一笑了之　　一笑倾城　　千金一笑　　含笑九泉
皮笑肉不笑　　五十步笑百步　　笑一笑十年少　　伸手不打笑脸人

2. 哭：

流泪　　啜泣　　哭泣　　大哭　　痛哭　　垂泪　　呜咽　　哽咽
哭哭啼啼　　痛哭流涕　　泣不成声　　嚎啕大哭　　抱头痛哭
梨花带雨　　泪如雨下　　泪如泉涌　　热泪盈眶　　泪流满面
潸然泪下　　哭天抹泪　　鬼哭狼嚎　　声泪俱下　　如泣如诉
欲哭无泪　　以泪洗面　　喜极而泣
惊天地泣鬼神　　猫哭老鼠——假慈悲

第 8 课　做情感的主人

听力录音

热身问题

1. 你觉得自己脾气怎么样？是急性子还是慢性子？
2. 你怎么把消极情绪转化成积极情绪？
3. 你能描述一下你知道的某个聪明人吗？他有哪些特点？
4. 什么样的人能够让你"如沐春风"？你觉得自己能成为这样的人吗？

第一部分

 词语

8-1

1	冲动*	chōngdòng	形	情感强烈，理性淡薄。
2	宣泄*	xuānxiè	动	把不良的情绪发泄出来。
3	细枝末节	xìzhī-mòjié		比喻事情或问题无关紧要的部分。
4	核心*	héxīn	名	中心，事物最重要的部分。
5	摈除*	bìnchú	动	排除在外。
6	失控*	shīkòng	动	失去控制。
7	克制	kèzhì	动	抑制情感、行动。
8	发泄	fāxiè	动	尽量发出不良情绪、情感。
9	平衡*	pínghéng	形	关联的各方面因素在数量、质量上相等或相抵。
10	辨析*	biànxī	动	辨别分析。
11	亢奋	kàngfèn	形	极度兴奋。

第8课　做情感的主人

12	怨恨*	yuànhèn	动	强烈地不满、仇恨。
13	钦慕	qīnmù	动	钦佩与爱慕。
14	无影无踪	wúyǐng-wúzōng		消失得没有任何踪影。
15	下意识*	xiàyìshi	名	直觉的、意识不能控制的心理活动。
16	触摸*	chùmō	动	用手接触、抚摸。
17	体悟*	tǐwù	动	感受领会。
18	喜怒哀乐	xǐ-nù-āi-lè		人类的各种情感。
19	深不可测	shēnbùkěcè		深奥而不可探测。
20	聆听*	língtīng	动	认真倾听。
21	呼唤*	hūhuàn	动	大声召唤。
22	归类	guī lèi		把事物归入不同的类别。
23	消极*	xiāojí	形	否定的，消沉的。
24	主旋律	zhǔxuánlǜ	名	多声部音乐中起到主要作用的曲调；也用来形容发展中起到主要作用的事物。
25	伴音	bànyīn	名	多声部音乐中起到配合作用的音乐。
26	委屈*	wěiqu	形	受到不公正待遇而难过。
27	触及	chùjí	动	触碰到。
28	过滤	guòlǜ	动	用滤纸等把液体中的固体颗粒分离出来。
29	可有可无	kěyǒu-kěwú		有或没有都没关系，不重要的。
30	奢望	shēwàng	动	过高地期望。
31	重构*	chónggòu	动	按一定的理论重新构建事实。
32	倾诉*	qīngsù	动	将心里话完全说出。
33	心闲气定	xīnxián-qìdìng		有把握，一点儿也不慌乱。
34	较劲儿	jiàojìnr	动	互相比赛力气；互相为难。
35	挑剔	tiāoti	动	过分严格地在细节上给别人找麻烦。
36	逆反	nìfǎn	动	故意做违反常规或他人不希望他做的事情。
37	暴跳如雷	bàotiào-rúléi		突然间大发脾气的样子。

听力练习

一 听第一遍录音，回答问题

1. 冲动、情绪快失控时，情绪管理的要点是什么？
2. 请列举至少5个你听到的和情绪有关的词语。
3. 人们在情绪的敏感度方面有怎样的差别？
4. 心理学家怎样根据功能对情绪进行分类和定义？

二 听第二遍录音，选择正确答案

1. 以下和情绪的敏感度无关的是_____。
   A. 宣泄　　　　B. 麻木　　　　C. 下意识　　　　D. 确切领悟

2. 据最新研究，有效情绪管理的要点是_____。
   A. 找到核心情绪　　B. 克制　　C. 发泄　　D. 转移愤怒

3. 核心情绪是_____。
   A. 各种伴音　　　　　　B. 可有可无的
   C. 深不可测的　　　　　D. 心理冲动的主旋律

4. 以下和自我情绪管理无关的是_____。
   A. 认知重构　　　　　　B. 团队合作
   C. 适当表达情绪　　　　D. 倾听或倾诉

5. 管理好情绪后，你会_____。
   A. 逆反　　　　B. 暴跳如雷　　　　C. 宽容大度　　　　D. 事事较劲儿

三 根据录音，判断对错

1. 控制情绪最重要的是抓住每一个细枝末节。　　　　　　　　（　　）
2. 情绪很低落时有人会下意识地感觉头疼。　　　　　　　　　（　　）
3. 情绪总是能准确地传递你的内心信息。　　　　　　　　　　（　　）
4. 核心情绪是此时此地心理冲动的主旋律。　　　　　　　　　（　　）
5. 人们对情绪的感受力是基本相同的。　　　　　　　　　　　（　　）

第 8 课　做情感的主人

四　听录音，选择相应的词语

8-3

a. 情绪失控　　b. 消极情绪　　c. 逆反心理
d. 较劲儿　　　e. 委屈　　　　f. 喜怒哀乐

1. _____　　2. _____　　3. _____
4. _____　　5. _____　　6. _____

五　根据录音填空

8-4

情绪到来时，我们_____自然而然地感觉到？我们对情绪的_____千差万别：有人几乎_____，情绪似乎在其内心消失得无影无踪；有人是产生_____的感官感觉——头疼、背痛等；有人能_____到自己的情绪，但却难以用言语来_____；只有为数不多的人能确切_____到自己的喜怒哀乐及其_____。

口语练习

一　用所给词语或句式改写句子或完成句子

1. **与其……不如……**

   例 要真正做到有效管理，与其治标不如治本。

   （1）学校食堂不算贵，在食堂吃比自己做更好。

   _____
   _____。

   （2）现在是晚高峰，坐地铁比打出租车更好。

   _____
   _____。

   （3）这栋建筑虽然名声在外，但历史并不悠久。

   _____
   _____。

95

（4）这个大公司虽然待遇很好，但竞争激烈，_____
_____。

2. 并非
   例 情绪并非深不可测，它总是能准确地传递内心的信息。

   （1）这项任务相当艰巨，不过，好好儿准备还是可以完成的。
   _____
   _____。

   （2）虽然爸爸对我要求很严格，但他是个通情达理的人，可以跟他好好儿商量。
   _____
   _____。

   （3）虽然现在我还是个学生，没有什么经验，_____
   _____。

   （4）汉字确实有点儿难，_____
   _____。

3. 则
   例 核心情绪是此时此地的真实感受，是一切心理冲动的主旋律，其他情绪则总是以此为基础，仅仅只是伴音。

   （1）100元对北京孩子来说可能只是一顿饭钱，可是对贫困地区的孩子来说这是一个星期的花销。
   _____
   _____。

   （2）你在家里想怎么样就怎么样，在外边要注意别人的感受。
   _____
   _____。

   （3）上大学时有困难可以请父母帮助，_____
   _____。

第 8 课　做情感的主人

（4）智商高的人容易成为某个行业的专家，_____
_____。

4. 诸如

　　例 可以有针对性地采取许多有效的方式来进行自我管理，诸如：进行认知重构，找到事件的本源；学会适当表达情绪，抓住要点。

（1）刚刚到国外留学会有许多困难：语言不通，饮食不习惯，远离家人。
_____
_____。

（2）快餐食品要符合诸多条件：烹调简便，批量生产，可标准化管理，不易变质，易于储存。
_____
_____。

（3）生活在大城市有大城市的烦恼，可搬到小地方也有小地方的不便，_____
_____。

（4）"高大快"的生活工作模式后果很严重，_____
_____。

二　根据提示回答问题

1. 情绪管理、控制情绪，最重要的是什么？
　　（细枝末节　核心　摈除）

2. 人们对情绪的敏感度有何不同？
　　（千差万别　麻木　无影无踪　下意识　触摸　难以形容　领悟）

3. 如何根据功能对情绪进行分类？
　　（核心　此时此地　真实　主旋律　基础　伴音　关键）

4. 怎样抓住核心情绪进行情绪管理？
　　（认知重构　本源　适当表达　倾听）

三 分组讨论

1. 举例说明"认知重构"的具体含义。
2. 你觉得自己会怎样宣泄情感？
3. "积极/消极"可以和哪些词语搭配？
4. 你自己在什么情况下会情绪失控？
5. 回忆课文里和情绪有关的词语。

第二部分

词语

8-5

1	偏爱	piān'ài	动	特别喜爱某人或某物。
2	趋势	qūshì	名	事物发展的方向。
3	认知	rènzhī	动	感知与认识外部世界。
4	主宰	zhǔzǎi	动	支配与统治。
5	调控	tiáokòng	动	调配与控制。
6	妥善*	tuǒshàn	形	妥当完备。
7	激励*	jīlì	动	激发鼓励。
8	灰心丧气	huīxīn-sàngqì		极度沮丧、失去信心。
9	低潮*	dīcháo	名	海潮的低位，也比喻事物处于变化的低点。
10	沟通	gōutōng	动	相互交流、使双方思想等连通。
11	数据*	shùjù	名	数字化信息。
12	饱满	bǎomǎn	形	丰满充足。
13	陷入	xiànrù	动	落在不利的困境。
14	投入	tóurù	形	注意力极其集中。
15	富于	fùyú	动	在某方面特别丰富。
16	同情心	tóngqíngxīn	名	对他人的不幸心生怜悯。
17	错位*	cuòwèi		地位、身份与行为之间的不契合。

第 8 课　做情感的主人

18	怡然自得	yírán zìdé		自己感觉快乐自在。
19	摇篮	yáolán	名	婴儿的小床，形状像篮子，可以摇动，也比喻事物发展最初时的环境。
20	基因	jīyīn	名	生物学术语；gene。
21	无须	wúxū	副	没有必要。
22	循	xún		依照，遵守。
23	熟能生巧	shúnéngshēngqiǎo		熟练可以自然生出巧妙的办法。
24	非理性	fēilǐxìng	名	背离理性。
25	毅力	yìlì	名	坚强持久的意志力。
26	弱化	ruòhuà	动	使事物变弱。
27	驱动力	qūdònglì	名	驱使事物前进、发展的力量。
28	流逝	liúshì	动	时间像流水一样迅速过去。
29	勤能补拙	qínnéngbǔzhuō		勤劳能够弥补不足。

听力练习

一　听第一遍录音，回答问题

1. 情商主要包括几个方面？
2. 情商高的人具有哪些性格特点？
3. 情商高低主要和什么因素有关？
4. 智商高和情商高各有什么优势？

二　听第二遍录音，选择正确答案

1. 情商不包括以下哪个方面？
　　A. 自我认知　　B. 分析研究　　C. 情绪管理　　D. 理解沟通

2. 情商是根据什么来判定的？
　　A. 综合行为表现　　　　　　B. 数据分析
　　C. 过往经历　　　　　　　　D. 受人偏爱

3. 提高情商和以下哪一项有关？
　　A. 遗传基因　　B. 非理性因素　　C. 教育培养　　D. 超人天赋

4. 情商高的人为何能够更好地适应社会环境?
   A. 以勤补拙   B. 情绪健康   C. 人际关系好   D. 以上三者

三 根据录音，判断对错

1. 智商越高成就越大。（　　）
2. 情商有时对人生的影响要超过智商。（　　）
3. 情商和智商通常都用数据分析来显示。（　　）
4. 培养智商越早开始越好。（　　）
5. 智商高的人先天的思维能力较强。（　　）

四 听录音，选择相应的词语

a. 怡然自得   b. 灰心丧气   c. 认知
d. 偏爱   e. 投入   f. 毅力

1. _____   2. _____   3. _____
4. _____   5. _____   6. _____

五 根据录音填空

情商主要_____以下几个方面：一是自我_____，因为只有正确认识自己，才能成为生活的_____；二是自我_____，能_____管理自己的情绪；三是自我_____，在遭遇困难时也能不灰心丧气，并走出_____，重新出发；四是_____他人，在社会生活中与人正常交往、顺利_____、共同_____；五是人际关系的管理，_____领导和管理能力。

口语练习

一 用所给词语或句式改写句子或完成句子

1. 即

例 人们一度认为，一个人能否在一生中取得成就，智力水平是第一位的，即

第8课　做情感的主人

智商（IQ）越高，取得的成就越大。

（1）他很善于把合适的人放在合适的位置，也就是说，在管理上他很有天赋。
_____
_____。

（2）今天是农历三伏的第一天，也就是说，一年中最闷热的日子开始了。
_____
_____。

（3）在不利的情况下和敌人做最后的决战，_____
_____。

（4）我们应该理解、体谅、关心家人，因为_____
_____。

2. 哪怕……也……

例 许多人哪怕智商并不出众也能凭着良好的情商而获得不凡的成就。

（1）即使我已经在北京生活了30年，可还是受不了豆汁儿的酸味儿。
_____
_____。

（2）即使你并不喜欢这份工作，可是为了满足父母的心愿，也应该去试试。
_____
_____。

（3）既然已经答应了，哪怕再困难，_____
_____。

（4）只要自己已经努力过了、尽力了，_____
_____。

3. 陷入

例 情商水平高的人通常外向而愉快，不易陷入恐惧或伤感。

（1）看着桌子上的来信，他进行了长时间的思考。
_____
_____。

（2）最近他爱上了一个女孩儿，可那个女孩儿已经有了男朋友，_____
_____。

（3）世界经济已经_____，复苏之日遥遥无期。

（4）我早就看穿了他的企图，_____
_____。

4. 一方面……另一方面……

例 因为一方面勤能补拙，生活工作中的大多数技能并不需要多么出众的智力；另一方面，由于自我定位客观理智，具有较健康的情绪、较良好的人际关系，他们更为社会所吸纳与接受。

（1）他学习成绩好是因为他非常努力，而且学习方法也很好。
_____
_____。

（2）我们赢球是因为运气好，同时对手也不太习惯这里酷热的天气。
_____
_____。

（3）要保持身体健康，一方面要养成良好的生活习惯，_____
_____。

（4）具有良好的情商，_____
_____。

二 根据提示回答问题

1. 情商主要包括哪些方面？
（自我认知　主宰　自我调控　妥善　自我激励　低潮　注重他人　沟通　人际关系　即）

第 8 课　做情感的主人

2. 情商高的人有什么特点？
（饱满　陷入　恐慌　投入　富于　错位　独处　怡然自得）

3. 为什么说智商更多是天赋，而情商更多来自生活经历？
（人际互动　教育培养　据调查　智力差异　源于　遗传基因　天赋　熟能生巧）

4. 情商较高的人为什么也能获得成功？
（一方面　勤能补拙　技能　出众　智力　另一方面　自我定位　人际关系　吸纳）

三 分组讨论

1. 举例说明偏爱的具体含义。
2. 你觉得应该怎样主宰自己的命运？
3. 先天／后天因素怎样影响我们的生活？
4. 对于基因科技，你都了解哪些？

综合练习

一 小组活动

1. 有许多人眼中很优秀、很成功的人却是抑郁症患者，试分析其原因。
2. 最近的医学研究认为，心理失衡很大程度上是和生理病变彼此关联的，你怎么看？
3. 每个人都试着做一套智商测验题。
4. 谈谈生活经历对自己人生观、价值观、世界观的影响。

二 讨论

1. 你同意"负面情绪是成功的代价"这种说法吗？举例谈谈你的理解。
2. 智商、情商只是一种主观的心理分类，按此类推可以有很多"×商"存在，你对此怎么看？你还听到过别的"×商"吗？

要求：至少运用本课所学过的 5 个词语，2 个句式。

103

三 成段表达

词语与文化（8）：有关情感的成语、熟语

要求：试着说出以下说法所表达的意思，并把你的发现概括总结出来和同学进行交流。也请说说自己的母语中是否有类似的说法。

多愁善感	感情用事	触景生情	情真意切	喜笑颜开
喜气洋洋	喜出望外	怒发冲冠	勃然大怒	恼羞成怒
哀而不伤	节哀顺变	哀鸿遍野	闷闷不乐	幸灾乐祸
乐不思蜀	乐极生悲	大快人心	触目惊心	胆战心惊
惊心动魄	满面春风	面红耳赤	面无人色	愁眉苦脸
死皮赖脸	嬉皮笑脸	急赤白脸	唉声叹气	慷慨激昂
瞠目结舌	声嘶力竭	垂头丧气	气急败坏	敢怒不敢言

喜怒不形于色　　哀莫大于心死　　知人知面不知心

词语总表

A

哀伤	āishāng	7
爱恨情仇	àihènqíngchóu	6
案件	ànjiàn	6

B

霸道	bàdao	6
白领*	báilǐng	3
般配	bānpèi	5
伴音	bànyīn	8
拌饭*	bàn fàn	4
包办*	bāobàn	5
包容*	bāoróng	6
饱满	bǎomǎn	8
暴跳如雷	bàotiào-rúléi	8
比例	bǐlì	7
变迁	biànqiān	3
变质*	biàn zhì	4
辨析*	biànxī	8
标准化	biāozhǔnhuà	4
表述	biǎoshù	2
别扭*	bièniu	3
摈除*	bìnchú	8
并驾齐驱	bìngjià-qíqū	3
捕捉	bǔzhuō	7
不单*	bùdān	6
不妨	bùfáng	1
不离不弃	bùlí-búqì	2
不择手段	bùzé-shǒuduàn	6
不减反增	bùjiǎnfǎnzēng	4
不知不觉	bùzhī-bùjué	4
部位*	bùwèi	7

C

彩票	cǎipiào	3
层次	céngcì	5
差异*	chāyì	3
察觉*	chájué	5
诧异*	chàyì	3
产业	chǎnyè	3
长吁短叹	chángxū-duǎntàn	1
畅通无阻	chàngtōng-wúzǔ	4
炒鱿鱼	chǎo yóuyú	3
炒作	chǎozuò	6
沉吟	chényín	1
成因*	chéngyīn	3
呈现	chéngxiàn	3
城乡二元*	chéngxiāng èryuán	4
痴迷*	chīmí	6

105

冲动 *	chōngdòng	8
冲突	chōngtū	5
重构 *	chónggòu	8
重塑 *	chóngsù	7
崇尚	chóngshàng	4
抽脂	chōu zhī	7
丑闻	chǒuwén	6
出言不逊	chūyán búxùn	6
储存	chǔcún	4
处境 *	chǔjìng	1
触动	chùdòng	2
触及	chùjí	8
触摸 *	chùmō	8
传诵	chuánsòng	2
纯粹 *	chúncuì	6
词缀	cízhuì	3
慈爱	cí'ài	2
从而	cóng'ér	7
催生	cuī shēng	5
挫折	cuòzhé	1
错觉	cuòjué	1
错位 *	cuò wèi	8

D

打动	dǎdòng	2
打拼 *	dǎpīn	3
大行其道	dàxíng-qídào	4
大款	dàkuǎn	3
大量	dàliàng	3
大排档	dàpáidàng	3
大牌 *	dàpái	6
淡漠	dànmò	4
淡忘 *	dànwàng	2
档次	dàngcì	3
低潮 *	dīcháo	8
抵制 *	dǐzhì	4
地毯	dìtǎn	2
递增 *	dìzēng	4
典型	diǎnxíng	5
垫	diàn	7
叮嘱 *	dīngzhǔ	2
对立	duìlì	6
多变 *	duō biàn	3
多元	duō yuán	5

E

耳熟能详	ěshú-néngxiáng	3

F

发泄	fāxiè	8
泛滥	fànlàn	2
非理性	fēilǐxìng	8
绯闻	fēiwén	6
分秒必争 *	fēnmiǎobìzhēng	4
分享	fēnxiǎng	2
氛围	fēnwéi	4
粉丝	fěnsī	6
风尚	fēngshàng	4
风行 *	fēngxíng	3
敷衍了事	fūyǎnliǎoshì	6
扶贫	fúpín	3

负荷	fùhè	3
富于	fùyú	8

G

概括	gàikuò	2
感受	gǎnshòu	3
高发	gāofā	4
高高在上	gāogāo-zàishàng	6
跟踪	gēnzōng	6
沟通	gōutōng	8
观念	guānniàn	5
观赏	guānshǎng	6
归类	guī lèi	8
归罪 *	guīzuì	2
过劳死	guòláosǐ	3
过滤	guòlǜ	8

H

含义	hányì	3
核心 *	héxīn	8
阖家 *	héjiā	4
黑客	hēikè	3
轰动	hōngdòng	6
轰炸	hōngzhà	2
鸿沟 *	hónggōu	4
呼唤 *	hūhuàn	8
弧度	húdù	7
糊涂	hútu	1
互联网	hùliánwǎng	2
户口	hùkǒu	5
花花绿绿 *	huāhuālǜlǜ	5
哗众取宠	huázhòng-qǔchǒng	7
怀孕	huái yùn	7
惶惑 *	huánghuò	1
灰心丧气	huīxīn-sàngqì	8
回绝 *	huíjué	5
回心转意	huíxīn-zhuǎnyì	1
浑身 *	húnshēn	1
混乱	hùnluàn	2
活蹦乱跳 *	huóbèng-luàntiào	2
活力 *	huólì	3

J

机能	jīnéng	4
基因	jīyīn	8
基准	jīzhǔn	5
激光	jīguāng	3
激励 *	jīlì	8
激素	jīsù	7
极为 *	jíwéi	3
急于 *	jíyú	5
妓女	jìnǚ	3
寄托 *	jìtuō	6
尖锐	jiānruì	6
监督	jiāndū	6
见证 *	jiànzhèng	3
将近 *	jiāngjìn	5
讲述	jiǎngshù	2
焦虑 *	jiāolǜ	1
较劲儿	jiàojìnr	8
皆大欢喜	jiēdàhuānxǐ	6

接轨	jiēguǐ	4
结局	jiéjú	5
竭力 *	jiélì	5
解读	jiědú	7
解职	jiě zhí	3
戒	jiè	2
借口	jièkǒu	2
近乎	jìnhū	7
经纪人	jīngjìrén	7
惊讶	jīngyà	1
精致	jīngzhì	5
镜头	jìngtóu	2
纠缠	jiūchán	6
九牛二虎之力 *	jiǔ niú èr hǔ zhī lì	3
久而久之	jiǔ´ér-jiǔzhī	4
绝非 *	jué fēi	4
绝迹 *	juéjì	3
绝望 *	jué wàng	5

K

亢奋	kàngfèn	8
可有可无	kěyǒu-kěwú	8
克隆	kèlóng	3
克制	kèzhì	8
刻意	kèyì	4
啃老	kěn lǎo	3
空巢	kōngcháo	4
口吻	kǒuwěn	2
酷 *	kù	3
狂热 *	kuángrè	6

窥探	kuītàn	6

L

懒惰	lǎnduò	4
滥用	lànyòng	6
浪潮	làngcháo	3
老龄化	lǎolínghuà	4
雷人	léi rén	5
类型 *	lèixíng	6
冷漠 *	lěngmò	2
立场	lìchǎng	2
利率	lìlǜ	3
廉价	liánjià	4
良性 *	liángxìng	3
靓	liàng	3
晾	liàng	1
临终	línzhōng	2
聆听 *	língtīng	8
领域	lǐngyù	3
另辟蹊径	lìngpìxījìng	2
留意	liú yì	7
流露 *	liúlù	7
流逝	liúshì	8

M

麻木	mámù	2
蚂蚁	mǎyǐ	1
满腹怅然 *	mǎnfù chàngrán	6
忙碌	mánglù	2
毛茸茸	máoróngróng	2
美妙 *	měimiào	5

魅力 *	mèilì	6
门当户对	méndāng-hùduì	5
免不了 *	miǎnbuliǎo	1
免疫力	miǎnyìlì	4
面部 *	miànbù	7
面貌	miànmào	3
敏感 *	mǐngǎn	4
模仿	mófǎng	3
莫大 *	mòdà	6
默默	mòmò	2
默契 *	mòqì	5

N

耐心	nàixīn	2
内分泌 *	nèifēnmì	4
逆反	nìfǎn	8
酿成	niàngchéng	6
凝视 *	níngshì	7
女婿	nǚxu	1

O

偶像	ǒuxiàng	6

P

拍拖	pāituō	3
旁若无人 *	pángruòwúrén	4
抛弃	pāoqì	1
陪伴	péibàn	2
膨化食品	pénghuà shípǐn	4
膨胀	péngzhàng	5
批量	pīliàng	4

偏爱	piān'ài	8
频发	pínfā	4
频繁 *	pínfán	5
平衡 *	pínghéng	8
颇为	pōwéi	1
破裂	pòliè	4
铺路石	pūlùshí	7

Q

起码 *	qǐmǎ	4
签署	qiānshǔ	6
掮客	qiánkè	3
潜在 *	qiánzài	1
钦慕	qīnmù	8
勤能补拙	qínnéngbǔzhuō	8
轻微 *	qīngwēi	3
倾诉 *	qīngsù	8
倾心	qīngxīn	5
情趣 *	qíngqù	3
驱动力	qūdònglì	8
趋势	qūshì	8
取代	qǔdài	5
取而代之	qǔ'érdàizhī	4
取决于	qǔjué yú	5
权衡	quánhéng	5
蜷缩 *	quánsuō	2
鬈毛 *	quánmáo	2
颧骨	quángǔ	7
劝阻 *	quànzǔ	5

R

染坊	rǎnfáng	1		守望者	shǒuwàngzhě	6
认知	rènzhī	8		寿司*	shòusī	4
日渐*	rìjiàn	2		舒畅	shūchàng	7
融资	róngzī	3		熟能生巧	shúnéngshēngqiǎo	8
肉夹馍	ròujiāmó	4		束缚*	shùfù	1
若隐若现	ruòyǐn-ruòxiàn	7		数据*	shùjù	8
弱化	ruòhuà	8		衰老	shuāilǎo	1
				率先	shuàixiān	4

S

煽情	shānqíng	2		松弛	sōngchí	7
善待	shàndài	2		素材	sùcái	6
擅长	shàncháng	6		随之而起*	suízhī'érqǐ	4
赡养	shànyǎng	5		缩略语	suōlüèyǔ	3
上古	shànggǔ	5				

T

尚且*	shàngqiě	1		抬头纹*	táitóuwén	7
烧烤	shāokǎo	4		谈资*	tánzī	6
奢望	shēwàng	8		倘若*	tǎngruò	6
身份	shēnfèn	3		陶醉*	táozuì	5
深不可测	shēnbùkěcè	8		提速*	tísù	4
神秘莫测	shénmì mò cè	7		提醒	tíxǐng	2
审美*	shěnměi	3		体味*	tǐwèi	3
声望	shēngwàng	5		体悟*	tǐwù	8
失控*	shīkòng	8		天伦*	tiānlún	4
失调	shītiáo	4		天意*	tiānyì	5
时尚*	shíshàng	3		天灾人祸	tiānzāi-rénhuò	1
时隐时现	shíyǐn-shíxiàn	7		天真无邪	tiānzhēnwúxié	2
始终	shǐzhōng	2		添油加醋	tiānyóu-jiācù	6
事与愿违	shìyǔyuànwéi	6		甜蜜*	tiánmì	5
视网膜	shìwǎngmó	7		挑剔	tiāoti	8
收录	shōulù	3		调控	tiáokòng	8

铁杆	tiěgǎn	6
通常 *	tōngcháng	1
同情心	tóngqíngxīn	8
投机 *	tóujī	5
投入	tóurù	8
凸显 *	tūxiǎn	3
突破 *	tūpò	1
土生土长	tǔshēng-tǔzhǎng	4
推敲 *	tuīqiāo	3
拖累	tuōlèi	2
妥善 *	tuǒshàn	8

W

玩耍	wánshuǎ	2
微不足道 *	wēibùzúdào	1
微妙 *	wēimiào	5
微微 *	wēiwēi	5
维护	wéihù	3
委屈 *	wěiqu	8
乌溜溜	wūliūliū	2
无稽之谈	wújī zhī tán	7
无趣 *	wúqù	1
无休无止	wúxiū-wúzhǐ	6
无影无踪	wúyǐng-wúzōng	8
无知 *	wúzhī	5
无须	wúxū	8
误导	wùdǎo	4

X

夕阳 *	xīyáng	3
喜怒哀乐	xǐ-nù-āi-lè	8
细微	xìwēi	3
细枝末节	xìzhī-mòjié	8
细致	xìzhì	7
狭窄	xiázhǎi	5
下巴 *	xiàba	7
下意识 *	xiàyìshi	8
闲暇 *	xiánxiá	4
贤惠	xiánhuì	5
陷入	xiànrù	8
相当于 *	xiāngdāng yú	3
相聚	xiāngjù	2
相貌 *	xiàngmào	5
项目	xiàngmù	7
消极 *	xiāojí	8
消遣 *	xiāoqiǎn	6
小道儿消息	xiǎodàor xiāoxi	6
笑口常开	xiào kǒu cháng kāi	1
效应 *	xiàoyìng	3
携带	xiédài	4
心灵	xīnlíng	2
心目	xīnmù	2
心闲气定	xīnxián-qìdìng	8
形形色色 *	xíngxíngsèsè	6
秀 *	xiù	4
宣泄 *	xuānxiè	8
选秀	xuǎnxiù	6
循	xún	8

Y

亚健康	yàjiànkāng	3

延伸 *	yánshēn	5
延续	yánxù	5
奄奄一息	yǎnyǎnyìxī	2
演艺	yǎnyì	6
验证 *	yànzhèng	5
洋溢	yángyì	2
摇篮	yáolán	8
野蛮	yěmán	7
一来二去	yīlái-èrqù	5
一笑了之 *	yíxiàoliǎozhī	1
依赖 *	yīlài	5
怡然自得	yírán zìdé	8
以往 *	yǐwǎng	5
抑郁	yìyù	4
毅力	yìlì	8
臆想	yìxiǎng	2
阴影	yīnyǐng	7
印记	yìnjì	7
印证 *	yìnzhèng	5
营养	yíngyǎng	4
营造 *	yíngzào	5
应有尽有 *	yīngyǒu-jìnyǒu	5
应运而生	yìngyùn´érshēng	5
拥有 *	yōngyǒu	2
涌现	yǒngxiàn	3
优雅 *	yōuyǎ	7
忧郁 *	yōuyù	7
有求必应	yǒuqiúbìyìng	2
有助于 *	yǒu zhù yú	3
诱发	yòufā	4

鱼尾纹 *	yúwěiwén	7
预测	yùcè	4
预料 *	yùliào	3
寓言	yùyán	1
元凶 *	yuánxiōng	4
原本 *	yuánběn	6
原委	yuánwěi	1
缘分	yuánfèn	2
源于	yuán yú	3
怨艾	yuànyì	4
怨恨 *	yuànhèn	8
约定	yuēdìng	2
跃居	yuèjū	4

Z

占据 *	zhànjù	7
障碍	zhàng´ài	4
朝阳 *	zhāoyáng	3
爪子 *	zhuǎzi	2
遮掩 *	zhēyǎn	7
哲人	zhérén	1
珍惜	zhēnxī	1
真谛	zhēndì	1
真相大白	zhēnxiàng dàbái	6
争论不休	zhēnglùn bùxiū	7
整容 *	zhěng róng	7
正经 *	zhèngjing	6
执意	zhíyì	5
制约	zhìyuē	5
质疑 *	zhìyí	4

致命 *	zhìmìng	5		着陆	zhuólù	3
置身于 *	zhìshēn yú	3		捉摸不定	zhuōmó búdìng	7
中风	zhòng fēng	7		资深	zīshēn	3
中古	zhōnggǔ	5		自暴自弃	zìbào-zìqì	1
诸如 *	zhūrú	5		自尽	zìjìn	1
主题	zhǔtí	2		自寻短见	zìxúnduǎnjiàn	1
主旋律	zhǔxuánlǜ	8		自由自在	zìyóu-zìzài	1
主宰	zhǔzǎi	8		字母	zìmǔ	3
注重 *	zhùzhòng	7		嘴角 *	zuǐjiǎo	7
著称	zhùchēng	4		最为 *	zuìwéi	2
转型 *	zhuǎnxíng	3		最终 *	zuìzhōng	2
追忆 *	zhuīyì	4		遵守	zūnshǒu	2
追踪	zhuīzōng	6				

【注：与《博雅汉语·高级飞翔篇Ⅱ》课目对应的复现词语在当课中用 * 标注，若在本书提前出现，则视为生词。】

博雅国际汉语精品教材
北大版长期进修汉语教材

博雅汉语听说·高级飞翔篇 II
听力文本及参考答案

Boya Chinese
Listening and Speaking (Advanced) II
Listening Scripts and Answer Keys

李晓琪　主编
祖人植　任雪梅　编著

北京大学出版社
PEKING UNIVERSITY PRESS

目录

第 1 课　天天都是好日子 ·· 1

第 2 课　十个约定 ·· 8

第 3 课　新词新语 ·· 16

第 4 课　现代都市病 ··· 24

第 5 课　婚姻大事 ·· 32

第 6 课　明星的烦恼 ··· 40

第 7 课　蒙娜丽莎的微笑 ··· 48

第 8 课　做情感的主人 ·· 56

第1课　天天都是好日子

第一部分

人生的旅途中，无论是谁，都免不了遇到让自己焦虑烦恼的事情。不要说天灾人祸了，就算是疾病衰老，甚至是在别人看来微不足道的小小挫折，也会让人惶惑，感觉人生无趣。所谓"人生不如意事常八九"，说的就是人的一生中完全符合自己心意的事情实在是少之又少。那么，我们怎样才能突破这种现实和心理的潜在束缚，更好地面对人生中的酸甜苦辣呢？

有位哲人曾经说过："我们的痛苦不是因为问题本身，而是在于我们对这些问题的看法。"意思就是，我们之所以感到不如意，是因为我们通常过多地把注意力放在了"不如意"上面。

有这样一则寓言：

从前有位老妈妈，大女婿是卖伞的，二女婿是开染坊的。这位老妈妈每天都长吁短叹，浑身上下都是一个"愁"字：天晴了，她担心大女儿家的伞卖不出去；天阴了，她又发愁二女儿家染坊里的衣服晾不干。就这样，她晴天也担心，阴天也焦虑，没有几年就白了头。一天，一个亲戚来看她，见到她衰老的样子颇为惊讶，问清原委之后又不觉感到好笑，说："你真糊涂！你看，阴天你大女婿店里的伞好卖，晴天你二女婿染坊的生意好。你每天都有快乐的事儿，天天都是好日子，有什么可愁的呢？"老妈妈一听，忙说："言之有理！"从此以后，她变得快快乐乐、笑口常开，连白头发都比以前少多了。

听力练习

一、听第一遍录音，回答问题

1. 作者认为人生如意儿的事多还是不如意的事儿多？

　　不如意的事儿多。

2. 作者认为不如意的主要原因是什么?

　　我们之所以感到不如意,是因为我们通常过多地把注意力放在了"不如意"上面。

3. 老妈妈为什么天天发愁?

　　她晴天担心大女儿家的伞卖不出去,阴天焦虑二女儿家染坊的衣服晾不干。

4. 后来老妈妈为什么又变得快快乐乐,笑口常开了?

　　亲戚告诉她:"阴天你大女婿店里的伞好卖,晴天你二女婿染坊的生意好。你每天都有快乐的事儿,天天都是好日子。"老妈妈觉得有道理。

二、听第二遍录音,选择正确答案

1-2
1. 谁是卖伞的商人?(B)
2. 老妈妈晴天不高兴的原因是_____。(B)
3. 老妈妈衰老的原因是_____。(B)
4. 亲戚说老妈妈"糊涂",是因为_____。(C)
5. 人生"不如意事常八九"是说_____。(A)

三、根据录音,判断对错

1. 哲人的话意思是,痛苦是因为我们不认真思考问题。(错)
2. 老妈妈的二女婿在染坊工作。(对)
3. 以前老妈妈不管什么天气都发愁。(对)
4. 亲戚劝老妈妈换个角度看问题。(对)
5. 老妈妈后来每天都很高兴是因为天天都是晴天。(错)

四、听录音,选择相应的词语

1-3

1. 长一声短一声不住地叹气。形容忧愁的神情。	b. 长吁短叹
2. 常常张开嘴巴笑,形容开心。	c. 笑口常开
3. 话说得有一定的道理。	a. 言之有理
4. 自然灾害和人为的祸患。	e. 天灾人祸
5. 对事物的认识模糊或混乱。	f. 糊涂
6. 事情小的不值一提。	d. 微不足道

五、根据录音填空

人生的旅途中，无论是谁，都免不了遇到让自己焦虑烦恼的事情。不要说天灾人祸了，就算是疾病衰老，甚至是在别人看来微不足道的小小挫折，也会让人惶惑，感觉人生无趣。所谓"人生不如意事常八九"，说的就是人的一生中完全符合自己心意的事情实在是少之又少。那么，我们怎样才能突破这种现实和心理的潜在束缚，更好地面对人生中的酸甜苦辣呢？

口语练习

一、用所给词语或句式改写句子或完成句子

1. 无论……都……

（1）他可能对你有偏见，你说什么，他都表示反对。
　　他可能对你有偏见，无论你说什么，他都表示反对。

（2）锻炼身体贵在坚持，不管刮风还是下雨，我都坚持去锻炼。
　　锻炼身体贵在坚持，无论刮风还是下雨，我都坚持去锻炼。

（3）无论你多么聪明，都不应该不努力学习。

（4）无论遇到多大的困难，我们都要面对，都会克服。

2. 不要说……就算是……

（1）这种常识人人都知道，大学生不用说了，连小孩子也知道。
　　这种常识，不要说大学生了，就算是小孩子也知道。

（2）我是乐盲，对音乐一窍不通，弹琴当然不会了，连唱歌都走调儿。
　　我是乐盲，对音乐一窍不通，不要说弹琴了，就算是唱歌都走调儿。

（3）他这个人特别无情，不要说朋友了，就算是家人有困难也不会出手帮忙。

（4）他的汉语水平特别高，不要说日常会话了，就算是商业谈判也没问题。

3. 所谓

（1）我们说的"中国通"是指对中国文化特别了解、对汉语特别精通的外国人。
　　所谓"中国通"，是指对中国文化特别了解、对汉语特别精通的外国人。

（2）"上有天堂下有苏杭"，说的是苏州和杭州像天堂一样美。
　　　所谓"上有天堂下有苏杭"，说的是苏州和杭州像天堂一样美。

（3）所谓"天才"，是指有特殊的才能和智慧的人。

（4）所谓"三人行必有我师"，说的是应该虚心向别人学习，不耻下问。

4. 不是……而是……

（1）他也想结婚，只是没有找到合适的对象罢了。
　　　他不是不想结婚，而是没有找到合适的对象。

（2）最近房价涨得厉害，我想买房子，可是实在买不起了。
　　　最近房价涨得厉害，我不是不想买房子，而是实在买不起了。

（3）我认为道路拥堵的原因，不是道路狭窄，而是因为人车混行。

（4）你这次考试成绩不太好，不是考试题目太难，而是你基础不够扎实，不能举一反三。

第二部分

有这样一个故事：

　　一天傍晚，有位美丽的少妇投河自尽，被一位路过的农夫救了起来。农夫问她："蚂蚁尚且珍惜自己的性命，你又年轻又漂亮，为什么要自寻短见呢？"

　　"我结婚刚两年，丈夫就抛弃了我，接着孩子又病死了。您说，我活着还有什么乐趣呢？"农夫沉吟了一会儿说："两年前，你是怎样过日子的？"少妇说："那时我自由自在，无忧无虑呀……""那时你有丈夫和孩子吗？""没有。"

　　"那么你只不过是回到了两年前而已，现在你又自由自在、无忧无虑了。快回家去吧！"

　　少妇听了，低头想了想，就慢慢地走了。从此，她再也没有自暴自弃，无论碰到什么困难，都坚强地活着。少妇之所以回心转意，是因为她从另一个角度重新认识了自己，并从中感悟到了人生的真谛。

第1课　天天都是好日子

这个故事告诉我们，很多时候，所谓的苦难与烦恼大部分是自己错误的思考方法形成的一种错觉。此时，不妨跳出来，换个角度看看自己，看看自己的处境，这样当你面对事业失败、情场失意，以及人生中的种种不如意时，就会一笑了之。换个角度看待自己，你也许就会觉得：在漫漫人生中，天天都是好日子！

听力练习

一、听第一遍录音，回答问题

1-6

1. 那个少妇为什么要自杀？发生了什么事？
   她丈夫抛弃了她，孩子也病死了。

2. 两年前少妇的日子是什么样的？
   她过得自由自在，无忧无虑。

3. 少妇后来又自杀了吗？为什么？
   没有，因为她觉得农夫的话有道理。

4. 我们应该怎么对待生活中的不如意？
   换个角度看待自己，看待所面对的问题，也许就会不一样。

二、听第二遍录音，选择正确答案

1-6

1. 少妇选择什么方式自杀？（B）
2. 少妇的丈夫_____。（B）
3. 少妇听了农夫的话以后_____。（D）
4. 所谓的困难与苦恼大部分是_____。（C）
5. 如果一个人认为天天都是好日子，很可能因为他_____。（C）

三、根据录音，判断对错

1. 少妇是被一个渔夫救起来的。（错）
2. 少妇的孩子因病夭折了。（对）
3. 少妇始终没有从不幸的生活中走出来。（错）
4. 苦难与烦恼并不可怕，可怕的是我们对待它们的态度。（对）
5. 换一个角度看问题，人生就会很快乐。（对）

四、听录音，选择相应的词语

1-7

1. 没有约束，随心所欲。	d. 自由自在
2. 自己看不起自己。形容一种自卑自贱、甘于落后的心理。	c. 自暴自弃
3. 用自杀的方法结束自己的生命。	b. 自寻短见
4. 转变原来的想法和态度。	a. 回心转意
5. 笑一笑就过去了。表示不拿它当回事儿。	f. 一笑了之
6. 爱情不如意，不顺利。	e. 情场失意

五、根据录音填空

1-8

　　这个故事告诉我们，很多时候，所谓的<u>苦难与烦恼</u>大部分是自己错误的思考方法形成的一种<u>错觉</u>，此时，<u>不妨跳出来</u>，换个角度看看自己，看看自己的<u>处境</u>，这样当你面对事业失败、<u>情场失意</u>，以及人生中的种种不如意时，就会<u>一笑了之</u>。换个角度<u>看待</u>自己，你也许就会觉得：在<u>漫漫</u>人生中，天天都是好日子！

口语练习

一、用所给词语或句式改写句子或完成句子

1. 尚且

（1）小乌鸦长大以后都会反过来哺养老乌鸦，人更应该孝顺老人。

　　<u>小乌鸦长大以后尚且会反过来哺养老乌鸦，人更应该孝顺老人。</u>

（2）他有钱的时候都不肯帮助别人，现在没钱了，更不会帮助别人了。

　　<u>他有钱的时候尚且不肯帮助别人，现在没钱了，更不会帮助别人了。</u>

（3）今天天气太热，在家里坐着尚且浑身是汗，<u>更不要说出门了</u>。

（4）现在经济环境不太好，大学生毕业后尚且找不到工作，<u>高中生就更困难了</u>。

2. 只不过……而已

（1）在我看来，吃营养品没什么特别的作用，只是一种自我安慰。

　　<u>在我看来，吃营养品没什么特别的作用，只不过是一种自我安慰而已。</u>

（2）这款新车和老款相比没有太多变化，只是在外形和内饰上改进了一些。

　　这款新车和以前的相比没有太多变化，<u>只不过在外形和内饰上改进了一些而已</u>。

（3）他不是我的好朋友，<u>只不过是初中时的同学而已</u>。

（4）他能获得成功，主要是他自己的努力，<u>我们只不过给他提供了一点儿帮助而已</u>。

3. 不妨

（1）听说这种方法治疗失眠非常有用，你可以试试有没有效果。

　　<u>听说这种方法治疗失眠非常有用，你不妨试试，看有没有效果</u>。

（2）网上订票很方便，你也试试吧。

　　<u>网上订票很方便，你也不妨试试</u>。

（3）既然你不放心他的为人，<u>不妨自己跑一趟</u>。

（4）我知道你对现在的工作不满意，<u>不妨换一个工作试试看</u>。

第2课 十个约定

第一部分

当今，各种各样的煽情片泛滥，把人们的心灵轰炸得日渐麻木和冷漠，而日本电影《狗狗与我的十个约定》则另辟蹊径，把有着乌溜溜的眼睛、毛茸茸的爪子、活蹦乱跳的鬈毛狗推到了镜头前，那天真无邪的表情比任何言语都更能打动人心。

1. 请一定耐心地听我的话。
2. 请你相信我，就像我总是相信你一样。
3. 请多和我一起玩耍。
4. 请不要忘记我也有心。
5. 别和我打架，要真打的话，胜利的一定是我。
6. 我不听你的话是有原因的。
7. 你能去学校，有很多朋友，但我只有你。
8. 请和我做最好的朋友。
9. 我只能活十年，所以请尽量多和我在一起。
10. 和我在一起的时光请你珍惜；当我离开的时候，请陪伴在我身边。

这是用狗的口吻表述的狗对主人的十个愿望，人称"狗十戒"。大约从20世纪90年代开始，"狗十戒"逐渐在互联网上流传开来，最初是欧美，接着又传到了日本，在爱狗者之间广为传颂。无论是快乐还是悲伤，狗都默默地陪伴在我们身边。如果它会说话，它将说些什么呢？如果它有愿望，那又会是什么呢？当然，"狗十戒"只是宠物的主人站在宠物的立场上的一种臆想，然而这些简单的词句所洋溢着的温暖和深情，却最为触动人心。

第 2 课　十个约定

听力练习

一、听第一遍录音，回答问题

2-2
1. 《狗狗与我的十个约定》大概是关于什么内容的影片？
是关于人和狗狗的故事。

2. "狗十戒"中你印象最深的是哪一条？
答案略。

3. "狗十戒"是狗狗说的话吗？
是主人站在狗狗的立场上的一种臆想。

4. "狗十戒"为什么流传很广？
因为它引起了众多宠物主人的情感共鸣。

二、听第二遍录音，选择正确答案

2-2
1. 人们的心灵被什么轰炸得日渐麻木和冷漠？（ B ）
2. 狗打动人心是因为_____。（ B ）
3. "狗十戒"是_____。（ C ）
4. "狗十戒"是通过什么流传开来的？（ D ）
5. 为什么狗会说"别和我打架"？（ C ）

三、根据录音，判断对错

1. 人们对现代煽情影片感到麻木。（ 对 ）
2. 《狗狗与我的十个约定》的内容和以前的动物影片大同小异。（ 错 ）
3. "狗十戒"是由欧美传到日本的。（ 对 ）
4. 只有快乐的时候，狗才会在我们身边陪伴我们。（ 错 ）
5. "狗十戒"是狗主人对狗的愿望的一种猜测。（ 对 ）

博雅汉语听说·高级飞翔篇 Ⅱ
听力文本及参考答案

四、听录音，选择相应的词语

1. 身体或心灵一天天变得迟钝。	d. 日渐麻木
2. 煽动人的感情或情绪的影片。	e. 煽情片
3. 另外开辟一条路径。	f. 另辟蹊径
4. 形容健康活泼，生命力旺盛。	a. 活蹦乱跳
5. 心地单纯，性情直率。	b. 天真无邪
6. 在很广的范围内传播、赞扬。	c. 广为传颂

五、根据录音填空

这是用狗的<u>口吻</u>表述的狗对主人的十个<u>愿望</u>，人称"狗十戒"。大约从20世纪90年代开始，"狗十戒"逐渐在<u>互联网</u>上<u>流传</u>开来，<u>最初</u>是欧美，接着又传到了日本，在爱狗者之间<u>广为传颂</u>。无论是快乐还是<u>悲伤</u>，狗都默默地陪伴在我们身边。如果它会说话，它将说些什么呢？如果它有<u>愿望</u>，那又会是什么呢？当然，"狗十戒"只是<u>宠物</u>的主人站在宠物狗立场上的一种<u>臆想</u>，然而这些简单的词句所<u>洋溢</u>着的温暖和深情，却最为<u>触动</u>人心。

口语练习

一、用所给词语或句式改写句子或完成句子

1. 日渐

（1）随着国际大片的引入和国产电影的异军突起，中国的电影市场越来越繁荣。
<u>随着国际大片的引入和国产电影的异军突起，中国的电影市场日渐繁荣。</u>

（2）这个地区由于持续干旱少雨，农作物一天比一天枯萎。
<u>这个地区由于持续干旱少雨，农作物日渐枯萎。</u>

（3）金融危机的影响波及全球，<u>破产倒闭的中小企业日渐增多</u>。

（4）父亲的病情不断加重，<u>身体日渐虚弱</u>。

2. 而……则……

（1）隆冬时节，北方寒风凛冽，大雪纷飞，可是南方还是温暖如春。
<u>隆冬时节，北方寒风凛冽，大雪纷飞，而南方则还是温暖如春。</u>

（2）离婚对感情已经破裂的当事人来说是一种解脱，可是对孩子却是一种灾难。

　　离婚对感情已经破裂的当事人来说是一种解脱，而对孩子则是一种灾难。

（3）男女在择偶标准上存在差别，女生注重的是才能和经济实力，而男生则注重美貌和持家能力。

（4）"朱门酒肉臭，路有冻死骨"说的是，有钱人家酒肉飘香，而穷人则饥寒交迫冻死街头。

3. 最初……接着……

（1）对于这么轻易到手的好处，我开始时感到很兴奋，接下来又感到怀疑，世上哪儿有这样的好事儿？

　　对于这么轻易到手的好处，我最初感到很兴奋，接着又感到怀疑，世上哪儿有这样的好事儿？

（2）这次流感最早是在南美洲爆发，后来扩散到世界各地。

　　这次流感最初是在南美洲爆发，接着扩散到世界各地。

（3）接到骗子的诈骗电话后，老奶奶最初手足无措，接着就按照骗子的指示去银行汇钱。

（4）他拿着如此糟糕的成绩单，最初一言不发，接着轻轻地哭出了声。

4. 当然……然而……

（1）他张口骂人不对，你动手打人就对吗？

　　他张口骂人当然不对，然而你动手打人就对吗？

（2）年轻人缺乏经验，容易犯错误，可是他们有冲劲儿，有想法，应该给他们提供更多施展才能的机会。

　　当然，年轻人缺乏经验，容易犯错误，然而他们有冲劲儿，有想法，应该给他们提供更多施展才能的机会。

（3）作为一名优秀的球员，他的实力当然很重要，然而我们想要在比赛中取得胜利，还是要依靠全队上下团结一心才可能实现。

（4）吃素对身体当然有好处，然而只吃素就会造成营养失衡。

第二部分

　　《狗狗与我的十个约定》所讲述的是少女明莉和爱犬索克斯之间的故事。明莉生长在北海道的函馆，爸爸是个出色的医生，天天忙得回不了家，好在妈妈温柔慈爱，母女俩分享了许多快乐的时光。可是有一天，妈妈突然病倒了，不久便离开了人世。临终前妈妈满足了明莉的愿望，将一条叫作索克斯的小狗留了下来，代替自己陪伴女儿成长。作为条件，她代表索克斯和明莉定下了十个约定，并叮嘱明莉要好好儿遵守，不能忘记。这十个约定中，有一条便是：我只能活十年，所以请尽量和我在一起。

　　《狗狗与我的十个约定》的主题虽然表现的是人与动物之间的情感，但并不能简单地用"狗是人类的朋友"来概括。索克斯所代表的其实是我们心目中最看重的那些人。我们总是以忙为借口，总是以为相聚的时光还很长很长，却没想到分别会来得如此之快，如此突然。就像影片中的明莉，她忙着长大，忙着自己的感情和事业，虽然索克斯对她始终有求必应、不离不弃，她却逐渐淡忘了和索克斯的约定，甚至把自己人生中出现的一些混乱也归罪于索克斯的拖累。直到有一天，爸爸在电话中告诉她，索克斯快不行了，她才意识到距离他们最初的相遇已经过去了十年。当她赶回家看到蜷缩在地毯上奄奄一息的索克斯时，耳边又响起了他们的那些约定：和我在一起的时光请你珍惜；当我离开的时候，请陪伴在我身边……

　　十年也好，几十年也罢，时间过得总是比我们想象的快。我们可以与他人分享的人生只有这么短，缘分也只有这么多，最终总会分离。这部影片借此提醒忙碌的现代人，从现在开始，对身边的人、身边的物，要多一些温柔与深情，对自己所拥有的一切，要懂得善待与珍惜。

听力练习

一、听第一遍录音，回答问题

2-6
1. 明莉的父亲从事什么工作？
　　他是一位出色的医生。

2. 明莉的妈妈是什么样的母亲？
　　温柔慈爱的母亲。

3. 作者认为索克斯代表的是什么?

　　我们心目中最看重的那些人。

4. 作者认为这部影片想要提醒现代人应该注意什么?

　　对自己所拥有的一切,要懂得善待与珍惜。

 二、听第二遍录音,选择正确答案

2-6
1. 收养索克斯是谁的愿望?（C）
2. 明莉长大以后认为索克斯对她来说是_____。（B）
3. 索克斯的寿命是_____。（C）
4. 索克斯最后的愿望是希望明莉_____。（D）
5. 我们不能经常和看重的人在一起,是因为_____。（A）

三、根据录音,判断对错

1. 明莉的妈妈同意明莉留下索克斯。（对）
2. 《狗狗与我的十个约定》的主题是"狗是人类的朋友"。（错）
3. 在长大的过程中,明莉一直坚守着和索克斯的约定。（错）
4. 爸爸写信告诉明莉:索克斯快不行了。（错）
5. 人生很短暂,我们应该珍惜和善待身边的一切。（对）

 四、听录音,选择相应的词语

2-7

1. 人快要死的时候。	c. 临终
2. 再三嘱咐。	a. 叮嘱
3. 只要有要求就一定满足。	b. 有求必应
4. 不离开不抛弃。	f. 不离不弃
5. 只剩下了一口气,形容快死了。	d. 奄奄一息
6. 命中注定的相遇而彼此投合的机会。	e. 缘分

五、根据录音填空

2-8
　　《狗狗与我的十个约定》的主题虽然表现的是人与动物之间的情感,但并不能简单地用"狗是人类的朋友"来概括。索克斯所代表的其实是我们心目中最看重的那些人。我们总是以忙为借口，总是以为相聚的时光还很长很长，却没想到分别会来得如此之快，如此突然。就像影片中的明莉，她忙着长大，忙着自己的感情和事业，虽然索克斯对她始终有求必应、不离不弃，她却逐渐淡忘了和索克斯的约定，甚至把自己人生中出现的一些混乱也归罪于索克斯的拖累。直到有一天，爸爸在电话中告诉她，索克斯快不行了，她才意识到距离他们最初的相遇已经过去了十年。当她赶回家看到蜷缩在地毯上奄奄一息的索克斯时，耳边又响起了他们的那些约定：和我在一起的时光请你珍惜；当我离开的时候，请陪伴在我身边……

口语练习

一、用所给的词语或句式改写句子或完成句子

1. 好在……（否则）……

   （1）由于电线短路发生了火灾，幸亏当时屋里没有人，不然后果会更严重。
   由于电线短路发生了火灾，好在当时屋里没有人，否则后果会更严重。

   （2）路上堵车了，幸亏我们提前一个小时出发，要不然一定会迟到。
   路上堵车了，好在我们提前一个小时出发，否则一定会迟到。

   （3）雨下得很大，好在事先有所准备，带了雨衣和雨伞，到家时衣服和书包都是干的。

   （4）回到家已经快十点了，肚子饿得厉害，好在可以点外卖，十分钟后外卖就送到了。

2. 作为

   （1）我可以帮助你，不过我们要交换一下，你也得帮我一个小忙。
   我可以帮助你，不过作为交换，你也得帮我一个小忙。

   （2）你是大夫，救助病人是你的职责。
   作为大夫，救助病人是你的职责。

   （3）作为公民，应当遵纪守法，遵守社会公德。

   （4）中国作为发展中国家，发展经济、提高人们的生活水平是第一目标。

3. 总是……却……

（1）他觉得自己身体很好，每天早出晚归忙于工作，没想到突然病倒在了出差的路上。
<u>他总是觉得自己身体很好，每天早出晚归忙于工作，却没想到突然病倒在了出差的路上</u>。

（2）她一向认为自己学习不错，一定能考上理想的大学，没想到高考时名落孙山。
<u>她总是认为自己学习不错，一定能考上理想的大学，却没想到高考时名落孙山</u>。

（3）很多人总是认为，先发展经济，有了钱再治理环境，<u>却不知道环境一旦被破坏，其后果是难以想象的</u>。

（4）很多女性以瘦为美，总是不吃主食，<u>却没想到不但没有变美，反而因营养不良住进了医院</u>。

4. ……也好……也罢

（1）不管西医还是中医，只要能治好我的病就可以。
<u>西医也好，中医也罢，只要能治好我的病就可以</u>。

（2）结婚的人应该得到祝福，单身的人也应该得到尊重，都是自己的一种选择。
<u>结婚的人也好，单身的人也罢，只要是自己的选择，都应该得到祝福或尊重</u>。

（3）A：你喜欢男孩儿还是女孩儿？
B：<u>男孩儿也好，女孩儿也罢，孩子健康活泼就好</u>。

（4）A：你打算怎么回家？坐火车还是坐飞机？
B：<u>坐火车也好，坐飞机也罢，我现在只想尽快回家</u>。

第 3 课 新词新语

第一部分

新词语是社会发展的见证，凸显了新事物的出现、时尚的风行，以及人们审美情趣的变迁。以《新词语大词典（1978-2018）》为例，该词典收录了从1978年至2018年产生的新词语两万余条，相当于平均每年至少产生新词语五百个。置身于种种新词、酷词之中，推敲其中的含义，体味其间的细微分别，有助于我们更好地感受新时代的多变与活力。

这些新词语大致可以分为以下几类。

第一，新造词语。这类新词语数量最多，如：网民、扶贫、融资、坑爹、养眼、可持续、听证会、亚健康、非处方药、绿色通道。

第二，旧词新义。这类词语形式是旧的，但在新时期产生了新义，即所谓"旧瓶装新酒"，例如："下课"，本义指一节课结束，新义泛指被解职；"朝阳""夕阳"本义与太阳的起落相关，新义则涉及事物的发展变化，如"夕阳产业"；"良性""恶性"原先多用于医疗领域，新义则比喻各种事物的面貌与性质，如"恶性车祸"。

第三，旧词新用。这类旧词所指的事物、现象曾经绝迹，但后来又重新出现，于是，这些旧词再度复活，并常常形成新旧词并行但词语附加意义有所差别的情形，如：中介、中间人、掮客、妓女、小姐。

第四，缩略语。不了解其成因，你或许费尽九牛二虎之力也无法领会其含义。最常见的是双音节缩略语，例如：婚介（婚姻介绍）、体彩（体育彩票）、卫视（卫星电视）、维和（维护和平）、海归（海外归来）、央视（中央电视台）。也有多音节的，例如：奥运会（奥林匹克运动会），高大上（高端、大气、上档次），老少边穷（革命老区、少数民族地区、边疆地区、贫穷地区，泛指国内经济不发达地区）。

现代汉语一直以双音节词语为主，但在新词语中多音节型熟语却明显增多，呈现出双音节、多音节并驾齐驱的局面。例如：一刀切、打白条、傍大款、未婚妈妈、胡子工程、青年志愿者等。

除了汉语自己产生的新词新语外,大量"新来的"外来词也为汉语词汇增添了亮丽的色彩。这正是我们的下一个话题。

听力练习

一、听第一遍录音,回答问题

3-2
1. 新词新语代表了什么?
   代表了新事物的出现、时尚的风行,以及与人们审美情趣的变迁。

2. 你听到过哪些新词新语?试说出几个。
   网民,下课,央视,5G,物联网,区块链。

3. 什么叫作"旧瓶装新酒"?
   形式和以前一样,但内容改变了。

4. 新词新语可以通过什么形式产生?请举例说明其中之一。
   主要有四类:新造词、旧词新义、旧词新用、缩略语。例如:"下课"本来指一节课结束,现在也用来泛指被解职。

二、听第二遍录音,选择正确答案

3-2
1. 据统计,1978年至2018年产生新词语的速度大约是一年_____。(B)
2. 新词语中占绝大多数的是_____。(A)
3. "下课"的本义是指一堂课结束,新义是指_____。(B)
4. 缩略语一般是由_____构成的。(C)
5. "奥林匹克运动会"的缩略语是_____。(B)

三、根据录音,判断对错

1. 新词语是社会发展的见证。(对)
2. 《新词语大词典》收录的是从1978年到2008年的新词语。(错)
3. 朝阳产业是指新兴的很有生命力和发展前途的产业。(对)
4. 婚姻介绍所也可以简称为"中介所"。(错)
5. "一刀切""傍大款"是多音节型熟语词。(对)

博雅汉语听说·高级飞翔篇 II
听力文本及参考答案

 四、听录音，选择相应的词语

3-3

1. 斟酌字句，反复琢磨。	d. 推敲
2. 以前没有的新创造出来的词语。	c. 新造词
3. 内容虽然改变了，但形式上没有什么变化。	f. 旧瓶装新酒
4. 死去了又活过来了。	a. 复活
5. 缩写，简略，把长的词组压缩简写。	b. 缩略
6. 彼此不相上下，齐头并进。	e. 并驾齐驱

 五、根据录音填空

3-4

　　新词语是社会发展的<u>见证</u>，凸显了新事物的出现、<u>时尚</u>的风行，以及人们审美情趣的<u>变迁</u>。以《新词语大词典（1978—2018）》为例，该词典<u>收录</u>了从1978年至2018年产生的新词语两万余条，相当于<u>平均每年产生新词语五百个</u>。<u>置身于</u>种种新词、酷词之中，<u>推敲</u>其中的含义，<u>体味</u>其间的细微分别，有助于我们更好地感受新时代的多变与<u>活力</u>。

口语练习

一、用所给词语或句式改写句子或完成句子

1. 相当于

（1）全球有70亿人口，中国有13亿多，差不多五个人里就有一个中国人。
　　<u>全球有70亿人口，中国有13亿多，相当于五个人里就有一个中国人。</u>

（2）尽管经过了多年的改革开放和高速增长，中国工人的最低工资目前也只有欧美工人的30%左右。
　　<u>尽管经过了多年的改革开放和高速增长，中国工人的最低工资目前也只相当于欧美工人的30%左右。</u>

（3）狗的寿命一般在十二至十五年之间，<u>十岁的狗狗大致相当于七十岁的老人</u>。

（4）这里的湿度达到了96%，<u>相当于空气中几乎充满了水蒸气</u>。

2. 有助于

(1) 可持续发展对保护地球环境有帮助。

　　可持续发展有助于保护地球环境。

(2) 最近的一份研究报告显示，乐观的性格对长寿有好处。

　　最近的一份研究报告显示，乐观的性格有助于长寿。

(3) 专家提醒我们，保持适当的、有规律的运动有助于健康。

(4) 学习外语时，多听多说有助于快速提高口语水平。

3. 再度 + V

(1) 经过一段时间的振荡调整，大盘今天又开始下跌了。

　　经过一段时间的振荡调整，大盘今天再度开始下跌。

(2) 运动员们都说，下一届奥运会时我们必将再重逢。

　　运动员们都说，下一届奥运会时我们必将再度重逢。

(3) 春节将临，回乡的人流逐日增加，一年一度的春运再度到来。

(4) 三年前他曾获得过这个奖项，今年他又以优异的表现再度获奖。

4. 以……为主

(1) 各国的老人养老的方式各有不同，就中国来说，主要是居家养老。

　　各国的老人养老的方式各有不同，就中国来说，目前以居家养老为主。

(2) 我们学校不提倡在校大学生自主创业，因为对学生来说最重要的还是学习。

　　我们学校不提倡在校大学生自主创业，因为对学生来说应该以学习为主。

(3) "秋高气爽"常常用来形容北京的秋天，这是因为这个季节以晴朗且干燥的天气为主。

(4) 统计数字显示，今年西安年夜饭预订以中档消费为主。

第二部分

改革开放，打开国门，随之而来的是外来词的大量涌现。

近年来，汉语的新外来词主要来自英语和日语。至于港台词语，虽说不是外来词，但在中国刚刚开始改革开放的时候，就普通话而言，它们多多少少有一丝外来者的味道，我们可以顺便了解一下。

英语外来词有音译的，如：克隆、卡通、卡路里等；有音意兼译的，如：迷你、黑客、可口可乐等；还有使用外文字母的，如：IC卡、U盘、Wi-Fi等。当然，这些音译的或音意兼译的对一般人而言总是免不了觉得有些别扭，因此，真正进入日常生活的还是以意译词为主，如：手机、信息、笔记本、互联网、温室效应等。

日语外来词源于日本的汉字词，与汉语的词语结构极为相似，不了解日语的人不易感受到其外来身份。例如，料理（指菜肴、饮食）、人气（指名气、人望）、写真、新干线、过劳死等。有些令人诧异的是，人们还模仿日语的构词方式造出新词语，如：宅男、宅女、月光族、啃老族等。

最后，还要说说利用所谓"类词缀"构成的新词。例如"超"：超音速、超短裙、超负荷、超现实；"零"：零距离、零风险、零增长、零利率；"软"：软环境、软实力、软指标、软着陆；"吧"：网吧、冰吧、书吧、氧吧、水吧。这些类词缀很多来自外语，具有很强的构词能力，可以成批地创造新词，值得我们多加注意。

另外，许多中国香港乃至中国台湾的流行词语伴随着经济浪潮也大量进入普通话，虽然它们不是外来词，但这些港台词也成为汉语词汇中一道独特的风景。在日常生活中耳熟能详的港台词为数不少，例如：靓、打拼、发烧友、大排档等。其中，不少港台词语在普通话中原本已经有了等义词，这样一来就形成了两者共存的局面，例如：的士（出租车）、买单（结账）、拍拖（谈恋爱）、收银台（收款台）、炒鱿鱼（辞退）。尽管两者的意义或多或少有轻微差异，但是可以预料，在不远的将来必定有一个会被淘汰。

听力练习

一、听第一遍录音，回答问题

3-6

1. 汉语外来词的主要来源是什么？

   主要来自英语和日语。

2. 来自英语的外来词有哪些？举例说明。

   音译：克隆、英特尔、阿迪达斯；音意兼译：迷你、黑客、可口可乐；字母词：IC卡、U盘、Wi-Fi；意译：手机、笔记本、互联网。

3. 哪些词语是从日语来的？试举几个例子。

    汉字词居多，例如：料理、过劳死；也有仿造的，例如：啃老族。

4. 来自港台的词语有哪些？试举几个例子。

    流行语居多，如靓、发烧友、炒鱿鱼等。

二、听第二遍录音，选择正确答案

3-6
1. "互联网"一词来自_____。（A）
2. "月光族"是模仿什么地方的词语造出的？（B）
3. 日常生活中的外来词绝大多数是_____。（C）
4. "可口可乐"是什么词？（D）
5. "炒鱿鱼"的意思是_____。（B）

三、根据录音，判断对错

1. 像"超""软""吧"等词缀是汉语固有的造词成分。（错）
2. 引入普通话的港台词语不是外来词。（对）
3. 港台的许多流行词语是伴随着流行歌曲进入普通话的。（错）
4. 引入港台词语是因为普通话里本来没有这样的词语。（错）
5. 作者认为同时存在的同义词语中有一个早晚会被淘汰。（对）

四、听录音，选择相应的词语

3-7

1. 大气保温效应，即大气中二氧化碳等气体含量增加，导致地表和大气下层气温增高。	e. 温室效应
2. 已成年子女不肯自食其力，仍吃住在父母家，靠父母养活。	a. 啃老族
3. 听的次数多了，熟悉得能详尽地说出来。	d. 耳熟能详
4. 对某事或活动非常迷恋和专注的人。	b. 发烧友
5. 指物质条件以外的环境，如政策、法规、管理、服务、人员素质等方面的状况。	c. 软环境

五、根据录音填空

3-8
英语外来词有<u>音译</u>的，如：克隆、卡通、卡路里等；有<u>音意兼译</u>的，如：迷你、黑客、可口可乐等；还有使用外文字母的，如：IC卡、U盘、<u>Wi-Fi</u>等。当然，这些音译的或音意兼译的对一般人而言总是免不了觉得有些别扭，因此，真正进入日常生活的还是以意译词为主，如：手机、信息、笔记本、互联网、温室效应等。

日语外来词源于日本的汉字词，与汉语的词语结构极为相似，不了解日语的人不易感受到其外来身份。例如，料理（指菜肴、饮食）、人气（指名气、人望）、写真、新干线、过劳死等。有些令人诧异的是，人们还模仿日语的构词方式造出新词语，如：宅男、宅女、月光族、啃老族等。

口语练习

一、用所给词语或句式改写句子或完成句子

1. 虽说……但……

（1）虽然爷爷是地道的北京人，可是这种传说也是第一次听到。
   虽说爷爷是地道的北京人，但这种传说也是第一次听到。

（2）虽然目前没有什么特别的不适，可是医生还是建议他去做个检查。
   虽说目前没有什么特别的不适，但医生还是建议他去做个检查。

（3）虽说我们是第一次见面，但一见如故。

（4）虽说这个女孩儿算不上漂亮，但善解人意，在男孩儿中很有人气。

2. 免不了

（1）生意场上少不了有应酬，饭桌上也常常要喝酒，入乡随俗，也没办法。
   生意场上免不了应酬，饭桌上也免不了要喝酒，入乡随俗，也没办法。

（2）夫妻过日子嘛，当然会发生矛盾，最重要的是互相包容和体谅。
   夫妻过日子嘛，免不了会发生矛盾，最重要的是互相包容和体谅。

（3）这次考试刚刚及格，回家免不了会被爸爸骂一顿。

（4）留学生初到一个新的国家，举目无亲，语言不通，免不了会想家。

3. 这样一来

（1）大雪过后，保安在门口铺了一些草垫子，走在路上就不会滑倒了。
   大雪过后，保安在门口铺了一些草垫子，这样一来走在路上就不会滑倒了。

（2）爸爸给他买了一台电脑，以后他就不用再去网吧了。
　　　爸爸给他买了一台电脑，这样一来，他就不用再去网吧了。

（3）由于金融危机，他所在的工厂破产了，这样一来，他就丢掉了干了十几年的工作。

（4）我这个假期一直都在打工，这样一来，我下半年的生活费就够了。

4. 尽管……但是……

（1）虽然已经到了阳春三月，可是却迟迟未见春天的踪迹。
　　　尽管已经到了阳春三月，但是却迟迟未见春天的踪迹。

（2）虽然这次进球不是他的失误造成的，可是他还是闷闷不乐。
　　　尽管这次进球不是他的失误造成的，但是他还是闷闷不乐。

（3）尽管遇到了一些困难，但是我还是对成功充满信心。

（4）尽管我事先提醒过他要多加小心，但是他还是满不在乎。

第 4 课　现代都市病

第一部分

改革开放以来，中国现代化进程不断提速，社会处在快速转型之中，生活节奏大大加快，人们分秒必争。随之而起的是心理失衡的人数呈现逐年递增的态势。相关调查研究表明，精神心理类疾病已超过心血管类疾病，跃居我国慢性疾病患者数的首位。

我国心理疾病高发、频发的原因到底有哪些呢？有关专家认为，以下几大社会问题是其元凶。

第一，"高大快"（高强度、大压力、快节奏）的生活工作模式。以公司白领为主体的人群长期处于高度忙碌之中，没有闲暇时间，缺少休闲活动，身心过于疲劳。久而久之，会导致焦虑、抑郁、精神障碍等心理疾病的发生。即使从生理角度看，个体长期处于高度紧张状态也足以导致内分泌功能失调、免疫力下降，甚至会造成过劳死。

第二，传统家庭模式消亡，人们因感情淡漠引发心理重压。在数量占绝对优势的三口之家里，往日几代同堂、阖家欢乐、围桌进餐的场景已经成为一种追忆，取而代之的是人人盯着自己的手机旁若无人的情景。而随着老龄化社会的来临，空巢家庭不断增多，家人之间缺乏关怀等问题使不少家庭成了一个冷冰冰、空荡荡的地方。此外，我国离婚率已经率先和发达国家接轨，家庭破裂，以及随之而来的怨艾，无疑会给婚姻双方和子女造成极大的身心伤害。

第三，贫富分化和生活贫困造成的心理压力。社会财富的迅速增长并不意味着每个人都可以共享进步的果实。由于人口向都市的迁移、产业的转型、竞争的加剧，都市中的贫富差距不减反增。进城的一代和二代农民工在城乡二元的鸿沟之间困惑着，留在城市困难重重，身后却是已经变得陌生的家园。下岗职工中年失业，高不成、低不就，甚至被视为无能、懒惰的一群，心理压力极大。此外，高校贫困生也是个敏感的话题，高消费的诱惑、社会刻意救助对自尊心的伤害等都足以诱发心理疾病。

解决之道何在？没有现成的答案。这就是进步的代价吧。也许，我们应该放缓生活的步伐，少一些功利、自私、紧张、指责与悲观，多一些浪漫、关怀、悠闲、赞许与乐观，去创造一个更加祥和的社会氛围。

听力练习

一、听第一遍录音，回答问题

4-2

1. 为什么改革开放以来患精神心理类疾病的人数逐年增多？

   社会迅速转型，生活节奏大大加快。

2. "高大快"的具体含义是什么？

   高强度、大压力、快节奏。

3. 什么是"高不成，低不就"？

   好的工作找不到，差的工作不愿做。

4. 中国家庭模式近年来有哪些变化？

   三口之家在数量上占绝对优势；社会老龄化，空巢家庭不断增多；离婚率上升，家庭破裂。

二、听第二遍录音，选择正确答案

4-2

1. 在本文中，导致心理疾病人数剧增的主要原因有_____。（B）
2. 慢性疾病患者数量最多的疾病类型是_____。（C）
3. 长期高度紧张会导致_____。（D）
4. 中国现代家庭模式的最基本特点是_____。（A）
5. 在留在城市还是返回故乡之间困惑的是_____。（C）

三、根据录音，判断对错

1. 心理失衡的人数一年比一年多。（对）
2. "高大快"的生活工作模式仅仅会导致心理疾病的发生。（错）
3. 现在，全家人围坐在一起吃饭的机会越来越少。（对）
4. 中年下岗的主要原因是无能、懒惰。（错）
5. 目前，我们没有找到解决造成心理失衡的社会问题的途径。（对）

博雅汉语听说·高级飞翔篇Ⅱ
听力文本及参考答案

四、听录音，选择相应的词语

4-3

1. 发生的数量多、频率高。	b. 高发、频发
2. 生物体自身对疾病的抵抗力。	a. 免疫力
3. 符合心意的，因为要求太高，而得不到或做不了；能得到或能做的，因为条件太差而不满意。	f. 高不成，低不就
4. 好像旁边没有人一样，指对别人毫不在意。	c. 旁若无人
5. 没有减少反而增加。	d. 不减反增
6. 经过很长一段时间。	e. 久而久之

五、根据录音填空

4-4

以公司白领为主体的人群长期处于高度<u>忙碌</u>之中，没有<u>闲暇</u>时间，缺少休闲活动，身心过于疲劳。久而久之，会导致焦虑、抑郁、精神<u>障碍</u>等心理疾病的发生。即使从<u>生理</u>角度看，个体长期处于高度紧张状态也<u>足以</u>导致内分泌功能<u>失调</u>、免疫力<u>下降</u>，甚至会造成<u>过劳死</u>。

口语练习

一、用所给的词语或句式改写句子或完成句子

1. 呈现……的态势

（1）汽车保有量越来越高，车祸死亡人数也越来越多。
<u>汽车保有量越来越高，车祸死亡人数也呈现逐年上升的态势</u>。

（2）经过多年的高速增长之后，中国GDP的年增长率开始下降。
<u>经过多年的高速增长之后，中国GDP的年增长率开始呈现下降的态势</u>。

（3）随着生活水平的提高，人类的平均寿命<u>呈现上升态势</u>。

（4）由于营养过剩、肥胖，糖尿病等慢性病发病率<u>呈现迅速上升的态势</u>。

2. 即使……也……

（1）为了自己，我们应该戒烟戒酒，养成健康有益的生活习惯。
<u>即使为了自己，我们也应该戒烟戒酒，养成健康有益的生活习惯</u>。

第4课　现代都市病

（2）这么简单的问题，虽然老师没有讲，学生也应该都会。
　　这么简单的问题，即使老师没有讲，学生也应该都会。

（3）虽然我们工作很忙，但是每天都应该适当地运动。
　　即使我们工作很忙，每天也应该适当地运动。

（4）弟弟非常喜欢画画，即使每天要学习、打工，他也要挤时间参加绘画俱乐部的活动。

3. 此外

（1）留学生活很紧张，每天要上4个小时课，要做作业，还要参加学生社团的活动。
　　留学生活很紧张，每天要上4个小时课，要做作业，此外，还要参加学生社团的活动。

（2）他生病的原因很多，第一是因为工作紧张，第二是睡眠不足，第三是盲目节食。
　　他生病的原因很多，工作紧张，睡眠不足，此外，盲目节食也是主要原因之一。

（3）现代人感情淡漠主要是因为，工作繁忙，家庭关系简单化，此外，大都市社会公共服务完备也是客观原因之一。

（4）地球的环境危机，人类应该负主要责任，我们占有了太多的生存资源，此外，我们还为了自己的发展肆无忌惮地打破生态平衡。

4. 足以 + V

（1）他靠自己可以解决好这个问题。
　　他靠自己的能力足以解决好这个问题。

（2）购买一辆普通的汽车10万块钱足够了。
　　10万块钱足以购买一辆普通的汽车。

（3）缺乏全局眼光、疏于细节化的管理足以毁掉一个看似实力强大的公司。

（4）不错的先天条件，加上勤奋刻苦，足以使他成为一位世界冠军。

第二部分

垃圾食品是指那些仅仅为人体提供足够热量却营养单一的食物。

现代社会，都市人群生活节奏加快，对饮食的要求首先就是快速，方便食品由此而大行其道。正是这种需求，加上电视广告的误导，使得源于欧美的快餐文化在全球畅通无阻，各式各样的快餐已经在不知不觉之间占领了我们的餐桌。甚至有专家预测，在不远的将来，大多数上班族一日三餐中起码有两顿饭将是快餐食品。

北京以各类中外快餐丰富多样而著称，有来自西方的汉堡包、三明治、比萨饼、炸鸡块、炸薯条，有来自日韩的寿司、盒饭、拌饭，还有中国土生土长的兰州拉面、肉夹馍、煎饼等。不过，既然是快餐食品，就通常必须符合以下条件：含有人体所需营养成分，烹调简单快速，廉价而美味，可以批量生产，便于进行标准化质量控制，携带方便，易于储存且不易变质等。要符合这些条件绝非易事，因为，在制作过程中一些食物的营养成分可能会丢失，可能会人为添加一些对健康有害的化学物质，导致垃圾食品进而成为有毒食品。

世界卫生组织公布的垃圾食品包括：油炸类食品、加工类肉食品（香肠、火腿等）、汽水可乐类碳酸饮料、方便面和膨化食品、冷冻甜品类食品（冰激凌、雪糕等）、烧烤类食品。依照这种分类，快餐食品几乎等同于垃圾食品，应加以限制，尽量避免多吃。

在快餐文化的发源地——欧美国家，营养学家率先对快餐食品提出了质疑，并进而呼吁大众抵制过度食用快餐食品。在网络上曾有这样一个真人秀：一个健康的人连续吃30天的麦当劳后进行体检，结果发现身体各项机能都不达标了，呈现亚健康状态。这一实验通过镜头向大众证明，多吃垃圾食品不但容易导致肥胖，更会严重损害健康。

尽管完全不食用垃圾食品几乎是不可能的，但随着人们健康意识的增强，崇尚自然的有机食品必将成为风尚。

听力练习

一、听第一遍录音，回答问题

1. 什么是垃圾食品？

   仅仅为人体提供足够热量却营养单一的食物。

2. 来自欧美的快餐美食有哪些？举例说明。

   汉堡包、三明治、比萨饼、炸鸡块、炸薯条。

3. 快餐食品应该符合哪些条件?

含有人体所需营养成分,烹调简单快速,廉价而美味,可以批量生产,便于进行标准化质量控制,携带方便,易于储存且不易变质。

4. 快餐食品对人体健康有什么害处? 为什么?

营养单一,含有过多化学物质,长期过多食用会导致肥胖,损害人体健康。

二、听第二遍录音,选择正确答案

4-6

1. "垃圾食品"一词指的是食品具有以下哪个特点?（C）
2. 以下哪种是土生土长的中国快餐美食?（D）
3. 以下哪个不是快餐食品应该符合的条件?（D）
4. 以下哪类食品不是垃圾食品?（B）
5. "亚健康"的意思是_____。（C）

三、根据录音,判断对错

1. 在报刊、影视中有很多快餐食品的广告。（错）
2. 在北京无法找到来自世界各地的快餐。（错）
3. 快餐食品方便美味,可是有毒。（错）
4. 世界卫生组织认为,快餐食品就是垃圾食品。（错）
5. 连续、大量食用垃圾食品会损害健康。（对）

四、听录音,选择相应的词语

4-7

1. 维持有机体生存、生长的养分。	d. 营养
2. 在当地出生,在当地长大。	e. 土生土长
3. 生产、组织、管理等按照统一的标准进行。	f. 标准化
4. 在网络或电视中播出的由个人表演其真实生活的节目。	a. 真人秀
5. 身体处在健康和患病的中间状态。	b. 亚健康
6. 成批地生产或经营。	c. 批量

五、根据录音填空

4-8
既然是<u>快餐</u>食品，就通常必须<u>符合</u>以下条件：含有人体<u>所需</u>营养成分，<u>烹调</u>简单快速，<u>廉价</u>而美味，可以批量生产，便于进行标准化质量控制，<u>携带</u>方便，易于<u>储存</u>不易变质等。要符合这些条件绝非<u>易事</u>，因为，在制作过程中一些食物的营养成分可能会<u>丢失</u>，可能会人为<u>添加</u>一些对健康有害的化学物质，导致垃圾食品进而成为有毒食品。

口语练习

一、用所给词语或句式改写句子或完成句子

1. 由此而

   （1）由于最早研制开发了这一产品，该公司占有了整个国内国际市场。

   　　由于最早研制开发了这一产品，该公司<u>由此而占有了整个国内国际市场</u>。

   （2）由于控制了重要的交通线，红方在这场演习中获得了明显的优势。

   　　由于控制了重要的交通线，红方<u>由此而在这场演习中获得了明显的优势</u>。

   （3）人类越来越依赖人工智能，人工智能<u>由此而掌控了人类生活的方方面面</u>。

   （4）她是国王、王后唯一的女儿，<u>由此而成为王位的合法继承人</u>。

2. 以……而著称

   （1）这位足球明星任意球特别厉害，被人叫作圆月弯刀。

   　　<u>这位足球明星以任意球特别厉害而著称，被人叫作圆月弯刀</u>。

   （2）这里出产高品质的乌龙茶，被称为乌龙茶的故乡。

   　　<u>这里以出产高品质的乌龙茶而著称，被称为乌龙茶的故乡</u>。

   （3）北京是中国人心目中的文化中心，<u>以文化生活丰富而著称</u>。

   （4）"上有天堂，下有苏杭"，<u>苏州和杭州自古就以富裕、繁华而著称</u>。

3. 依照

   （1）古代人讲孝道，父母怎么说，儿女就应该怎么做。

   　　<u>依照古代的孝道，父母怎么说，儿女就应该怎么做</u>。

（2）她以前习惯下"新年决心"，不过每一次都是5分钟热度，一个星期以后就坚持不下去了。

<u>依照以前的习惯，她的"新年决心"每一次都是5分钟热度，一个星期以后就坚持不下去了</u>。

（3）<u>依照他马虎的性格</u>，如果不是朋友发微信提醒，<u>他肯定会忘得干干净净</u>。

（4）事情都已经安排好了，<u>我们依照原先的计划按部就班做就好</u>。

4. 率先……进而……

（1）中国的经济改革从农村开始，土地承包责任制在安徽获得巨大成功后，推广到全国。

<u>中国的经济改革率先从农村开始，土地承包责任制在安徽获得巨大成功后，进而推广到全国</u>。

（2）在会议上，他首先表示支持王教授的观点，然后在此基础上建议推出新的政策。

<u>在会议上，他率先表示支持王教授的观点，进而在此基础上建议推出新的政策</u>。

（3）近年来，工业机器人研究取得了巨大的进步，率先在精密仪器制造产业投入实际使用，<u>并进而推广到诸多其他产业</u>。

（4）率先修建世界上第一条地铁的城市是伦敦，<u>进而世界各大都市纷纷效仿</u>。

第5课 婚姻大事

第一部分

  如今"剩女"已经成为一种社会现象，仅北京一地就有将近百万的"剩女"。说到"剩女"出现的原因，以往多认为是因为都市适婚男女接触面狭窄，无法为择偶营造一个适宜的环境。不过，这种观点并未得到验证。其实，"剩女"的出现很大程度上是由于女性婚姻观念发生了改变，是她们自己主动作出的选择。

  众所周知，人的需要是分几个层次的，最基础的部分是温饱之类的物质需求，越往上需求也越精致美妙、越多元复杂。在改革开放之前，那个生活贫困的时代，几乎是没有"剩女"的，大多数人都是工人、农民，经济上察觉不到太多不同，区别也只是高点儿、矮点儿，脾气好点儿、坏点儿，相貌美点儿、丑点儿。挑选的余地小，差不多也就嫁了。而现在这个花花绿绿的世界，人与人之间的差距拉大了，尤其是男人与男人间的差距加大了，这就给女人对婚姻的欲求提供了广阔的空间。由于婚姻中不能应有尽有，难以满足其追求高质量、高档次生活的愿望，于是，很多女孩儿选择了做单身贵族，"剩女"也就应运而生了。

  有一"白骨精"级剩女，亲友们曾频繁地为她介绍朋友，但她自己并不急于结婚。第一个对象是在读博士，其他条件都好，只是身材较胖，女孩儿反复权衡，还是无法接受与一个胖男人一起生活，于是回绝了对方的求婚。第二位是个作家，个人条件也算过得去，可她微微一笑，也回绝了，理由是，作家这个职业，无职无权，收入还不稳定，不可靠。一来二去大家就不再替她操心了。

  世上的女孩儿都想嫁"白马王子"，可惜，上天造出的多是普通人。很多女孩儿的致命错误就是执意相信在某个地方有某个"白马王子"在等着和自己一见倾心，却在漫长而绝望的等待中变成了"剩女"。有一个女孩儿，长相普通，收入一般，但却是典型的"月光族"，从来不存钱，也不考虑未来。她的理由很雷人："我相信未来的丈夫一定是个非常优秀、非常富裕的人，所以，我不用存钱。"如此无知、自我陶醉，指望嫁个有钱的丈夫就能满足自己的一切，不做"剩女"做什么？

第 5 课　婚姻大事

无数实例印证了这样一个事实：对婚姻欲求无限膨胀，对自身条件缺乏认识，对男友或过于追求完美或过于依赖，这些是催生"剩女"的主要原因。当然，大部分成为"剩女"的女孩儿还是出于理智的自我选择。因此，旁观者不必过于敏感。毕竟，多元的社会造就多元的选择，无论哪种选择，只要是自愿的，自己觉得好，就是对的、有道理的。

听力练习

5-2
一、听第一遍录音，回答问题

1. 作者认为出现"剩女"现象的主要原因是什么？
   由于女性婚姻观念发生了改变，是她们自己主动作出的选择。

2. 生活贫困时期为什么几乎没有"剩女"？
   因为大家在经济上的差距不大，挑选的余地比较小。

3. "月光族"是什么意思？
   把每月的工资都花光，从来不存钱的人。

4. 文章中提到的"剩女"对男友有些什么要求？
   能提供高档次、高质量的生活；各方面都很完美，是"一见倾心"的白马王子。

二、听第二遍录音，选择正确答案

1. "剩女"是指_____。（D）
2. 出现"剩女"现象是因为_____。（C）
3. 改革开放以前几乎没有"剩女"是因为_____。（B）
4. 那位"白骨精"女孩儿回绝在读博士的理由是_____。（D）
5. 那位"月光族"女孩儿不存钱的理由是_____。（A）

三、根据录音，判断对错

1. "剩女"现象是人和人之间的差距加大的结果。（对）
2. 成为"剩女"是因为现代女性的婚姻观念发生了改变。（对）
3. 作家不是一种职业，所以收入不稳定，不可靠。（错）
4. 每个女孩儿都相信有一个"白马王子"在等待自己。（错）

5. "剩女"不一定是自身条件很差的女生。（对）

四、听录音，选择相应的词语

5-3

1. 多样的，不单一的。	b. 多元
2. 女孩子心目中最理想的恋爱和结婚对象。	c. 白马王子
3. 顺应天命而降生。多指随着某种形势而产生。	f. 应运而生
4. 白领、骨干、精英。用来指代素质和条件优秀的女强人。	a. 白骨精
5. 互相交往、接触后，渐渐产生某种情况。	e. 一来二去
6. 把每月的薪水都花光的人。	d. 月光族

五、根据录音填空

5-4

  如今"剩女"已经成为一种社会现象，仅北京一地就有<u>将近</u>百万的"剩女"。<u>说到</u>"剩女"出现的原因，<u>以往</u>多认为是因为都市适婚男女接触面狭窄，无法为择偶<u>营造</u>一个适宜的环境。不过，这种观点并未得到<u>验证</u>。<u>其实</u>，"剩女"的出现很大程度上是由于女性婚姻<u>观念</u>发生了改变，是她们自己<u>主动</u>作出的选择。

  无数实例<u>印证</u>了这样一个事实：对婚姻欲求无限<u>膨胀</u>，对自身条件缺乏认识，对男友或过于追求完美或过于<u>依赖</u>，这些是<u>催生</u>"剩女"的主要原因。当然，大部分成为"剩女"的女孩儿还是出于<u>理智</u>的自我选择。因此，旁观者不必过于<u>敏感</u>。毕竟，多元的社会<u>造就</u>多元的选择，无论哪种选择，只要是自愿的，自己觉得好，就是对的、有道理的。

口语练习

一、用所给词语或句式改写句子或完成句子

1. 说到

  （1）关于择偶标准的问题，我觉得"萝卜青菜各有所爱"，标准很难统一。

    <u>说到择偶标准的问题，我觉得"萝卜青菜各有所爱"，标准很难统一。</u>

  （2）关于保护环境，每个人都说得头头是道，具体到行动上就不是那么回事儿了。

    <u>说到保护环境，每个人都说得头头是道，具体到行动上就不是那么回事儿了。</u>

（3）说到培养教育孩子，有的专家主张"严管"，有的专家主张"宽松"，令家长们无所适从。

（4）说到动物保护，人人都赞同，但某地的"狗肉节"却年年举办。

2. 由于……难以……

（1）因为资金不足，经验不够，刚走出校门的年轻人很难自主创业。
　　由于资金不足，经验不够，刚走出校门的年轻人难以自主创业。

（2）因为各级地方政府的大部分税收来自企业，因此，很难从根本上治理企业的污染问题。
　　由于各级地方政府的大部分税收来自乡镇企业，因此，难以从根本上治理企业的污染问题。

（3）由于球队实力不足，外援乏力，球场上难以有优秀的表现。

（4）由于他只学过一年中文，水平有限，难以胜任这项工作。

3. 可惜

（1）这个暑假我想去环游世界，不过我没有那么多钱。
　　这个暑假我想去环游世界，可惜我没有那么多钱。

（2）关于海地地震，几年前就有科学家预言过了，当时没有引起大家的警觉。
　　关于海地地震，几年前就有科学家预言过了，可惜没有引起大家的警觉。

（3）情人节那天，我想和女朋友一起度过，可惜老板让我出差。

（4）年轻人应该脚踏实地，不要眼高手低，可惜能听进去的人很少。

4. 出于

（1）大家一致认为，举行婚礼的主要目的是表示对婚姻的尊重。
　　大家一致认为，举行婚礼的主要目的是出于对婚姻的尊重。

（2）这些孩子说盗取银行密码只是出于好奇。

（3）他选择辞职是出于对未来职业发展的考虑。

（4）他劝你不要继续和这个女孩儿交往了，不是因为嫉妒，而是出于朋友的关心。

第二部分

社会学家认为，人类的婚姻从来就不取决于微妙的天意，而是受到三大动机制约，即经济、子女与爱情。在上古时期，经济第一，子女第二，爱情第三；中古时期，子女第一，经济第二，爱情第三；到了现代，变为爱情第一，子女第二，经济第三。

在中国的传统文化和习俗中，婚姻主要有以下几个基本目的：第一，生儿育女，延续家族；第二，赡养父母，管理家产；第三，维护社会身份，继承财产。这样，传统的包办婚姻成了社会组织的源头之一，主要以家庭、家族的利益为基准，择偶标准是门当户对，即婚姻双方的家庭在社会地位、文化水平、生活方式、家族声望、经济状况和价值观念等方面互相般配，彼此认同。至于婚姻双方的个人喜好，诸如，谈得投机、相处默契甜蜜，那都是第二位的。如果爱情和家族利益发生冲突，婚姻必将遭到家长的竭力劝阻，以至坚决反对，其结局通常是悲剧性的。

改革开放以后，随着社会的进步和青年人独立性的增强，男女个人条件（包括职业、收入、文化水平、相貌和身高等）在择偶时越来越重要，但是，事实上的门当户对仍然延伸至今。由于中国存在户口制度、职业结构的区别，社会地位、城乡交流的限制仍然是择偶的结构性障碍。它使得城里人与农村人、大城市与小城镇、高学历与低文化之间的择偶变得非常困难，于是，农民只能找农民，城市人只愿与城市人结婚，大学生只愿找大学生。也就是说，门当户对的表现形式发生了变化：个人的物质条件、社会地位渐渐取代家庭的条件而上升为主要标准。就城市而言，社会学家们发现：女性择偶主要关注男方的才干、文化程度、职业、收入、相貌、自信心、热爱生活程度与身高等，而男性择偶一般看女方的相貌、贤惠程度、职业、忠实程度、理家能力等。

听力练习

5-6　一、听第一遍录音，回答问题

1. 社会学家认为制约人类婚姻的三大动机是什么？

　　经济、子女与爱情。

2. 中国传统婚姻中的最重要的择偶标准是什么?

    门当户对,即婚姻双方的家庭在社会地位、文化水平、生活方式、家族声望、经济状况和价值观念等方面互相般配,彼此认同。

3. 改革开放以后,中国人的择偶观有何改变?

    男女个人条件(包括职业、收入、文化水平、相貌和身高等)在择偶时越来越重要。

4. 城市中的男女青年在择偶时,条件有哪些异同?

    女性择偶主要看对方的才干、文化程度、职业、收入、相貌、自信心、热爱生活程度与身,而男性择偶一般看女方的相貌、贤惠程度、职业、忠实程度、理家能力等。

二、听第二遍录音,选择正确答案

5-6
1. 上古时期,人类婚姻的最大动机是＿＿＿＿。（B）
2. 中国传统婚姻中的门当户对是指＿＿＿＿。（A）
3. 传统婚姻中最重要的是＿＿＿＿。（C）
4. 当今社会的门当户对主要指＿＿＿＿。（A）
5. 现代女性择偶时最重要的条件是＿＿＿＿。（C）

三、根据录音,判断对错

1. 现代人婚姻的三大动机中,最重要的是爱情。（对）
2. 传统中国婚姻的基本目的之一是生儿育女。（对）
3. 传统的门当户对是指男女个人条件相当,相处默契。（错）
4. 现代中国的婚姻已经不再受户口制度的制约。（错）
5. 中国男性择偶时最重视的是对方是否有才干。（错）

四、听录音,选择相应的词语

5-7

1. 子女对父母在物质上和生活上进行帮助。	d. 赡养
2. 男女双方家庭的社会地位和经济状况相当,结亲很合适。	e. 门当户对
3. 由双方父母决定的婚姻。	f. 包办婚姻
4. 结亲的双方在各方面相称。	a. 般配
5. 意趣相合,见解相同。	b. 投机
6. 妇女心地善良,通情达理,对人和蔼。	c. 贤惠

五、根据录音填空

5-8

在中国的传统文化和习俗中，婚姻主要有以下几个基本目的：第一，生儿育女，<u>延续家族</u>；第二，<u>赡养</u>父母，管理家产；第三，<u>维护</u>社会身份<u>继承</u>财产。这样，传统的包办婚姻成了社会组织的<u>源头之一</u>，主要以家庭、家族的利益为<u>基准</u>，择偶标准是<u>门当户对</u>，即婚姻双方的家庭在社会地位、文化<u>水平</u>、生活方式、<u>家族声望</u>、经济状况和价值观念等方面互相<u>般配</u>，彼此认同。至于婚姻双方的个人喜好，诸如，谈得<u>投机</u>、相处<u>默契甜蜜</u>，那都是第二位的。如果爱情和家族利益发生<u>冲突</u>，婚姻必将遭到家长的<u>竭力</u>劝阻，以至坚决反对，其结局通常是悲<u>剧性</u>的。

口语练习

一、用所给词语或句式改写句子或完成句子

1. 取决于

（1）哪支球队能拿到冠军，要看谁的实力最强。
<u>哪支球队能拿到冠军，取决于谁的实力最强。</u>

（2）实习期结束后能否续约，就看你在实习期间的表现了。
<u>实习期结束后能否续约，取决于你在实习期间的表现。</u>

（3）一个人要想获得成功，<u>取决于自身的努力，还要有一些运气。</u>

（4）婚姻是否幸福美满，<u>取决于夫妻双方的共同经营和维护。</u>

2. 至于

（1）我现在的积蓄只能买一辆汽车，买房子还差得远，首付都不够。
<u>我现在的积蓄只能买一辆汽车，至于买房子，还差得远，首付都不够。</u>

（2）中国近些年经济发展很快，不过，和发达国家相比还有相当的差距。
<u>中国近些年经济发展很快，至于和发达国家相比，还有相当的差距。</u>

（3）他们现在如胶似漆，看起来幸福甜蜜，<u>至于将来会不会结婚谁也不知道。</u>

（4）我现在在认真学习中文，努力了解中国文化，<u>至于将来是否从事和中国有关的工作，还没有考虑过。</u>

3. 以至

（1）经过十几年、几十年，甚至上百年的努力，才有可能将一家不知名的小企业做大做强，最终进入世界100强的行列。

经过十几年、几十年，甚至上百年的努力，才有可能将一家不知名的小企业做大做强，<u>以至进入世界100强的行列</u>。

（2）实验进入了关键阶段，他几乎24小时待在实验室，甚至连吃饭睡觉也顾不上。

实验进入了关键阶段，他几乎24小时待在实验室，<u>以至连吃饭睡觉都顾不上</u>。

（3）他对女朋友说："我愿意为你付出一切，金钱，<u>以至我的生命</u>。"

（4）这部小说写得太动人了，<u>以至我为此哭了整整一个晚上</u>。

4. 也就是说

（1）由于性格不合，我们打算分开一段时间，也可能会离婚。

由于性格不合，我们打算分开一段时间，<u>也就是说，我们可能会离婚</u>。

（2）他打电话说他今天要加班，<u>也就是说，他不能回家吃晚饭了</u>。

（3）没有人才就谈不上发展和创新，<u>也就是说，发展和创新离不开优秀的人才</u>。

（4）只有人人都认识到全球变暖带来的危害，才会自觉地保护环境，<u>也就是说，我们应该加大保护环境的宣传力度</u>。

第6课 明星的烦恼

第一部分

粉丝原本是一种食物的名称,2005年在电视选秀节目"超级女生"之后,英文单词"fans"因其发音与"粉丝"相近,迅速令"粉丝"成为流行词语,并借助一个又一个电视选秀活动广为传播。

时下,"粉丝"已经不纯粹指"追星族"了,而是狂热者、喜爱者、支持者的统一代名词。粉丝形形色色,类型不同:喜爱一个节目,你就是这个节目的粉丝;喜爱一本书,你就是这本书的粉丝;甚至,只要你喜欢一个人,就可以说自己是对方的粉丝。你可以是某同学的粉丝,还可以是某同事的粉丝。

不过,典型的粉丝还是相对于某个大牌球星、歌星、影星而言的。粉丝们对明星的崇拜往往到了痴迷、狂热的程度;而明星呢,则成为粉丝们的"大众情人"、精神寄托,他们对粉丝来说具有无穷的魅力,他们的一个微笑、一个签名都会让粉丝得到莫大的满足,他们的一举一动都会受到粉丝的疯狂关注。

倘若果真如此,明星和粉丝们应该相互包容、互利双赢才对,但是事与愿违,两者之间却常常产生矛盾。

有时是明星伤害了粉丝。有的粉丝毫不犹豫地扔下了自己的正经事儿而去疯狂追星,明星走到哪里就追随到哪里,以求得与偶像近距离接触的机会,付出不可谓不大。然而,有的明星却不拿这些铁杆粉丝当回事儿,他们的表演敷衍了事,活动不按时露面,即使来了也是一百个不情愿,高高在上的样子。而另一些明星呢,不好好儿珍惜自己的形象,做出违背社会基本价值的恶行,一旦真相大白,粉丝们不免伤心落泪,满腹怅然。

有时是粉丝妨碍了明星。有些粉丝过于霸道,完全不顾明星的感受,不单没完没了地要求签名、合影,稍有不如意就出言不逊。而另一些粉丝因为痴迷过度而失去了正常的理智,无休无止地纠缠,干扰明星的私生活,有人甚至因为追星而去犯罪、杀人。

由此可见,当明星就要当个尊重粉丝的好明星,做粉丝也要做一个理智的好粉丝。

明星要知道自己的社会责任,要把回报社会、回报粉丝的厚爱时时牢记心中;而粉丝呢,也应该明白,观赏明星表演纯粹是一种消遣,理当爱而不狂、痴而不迷。这样,双方才有可能相互包容、皆大欢喜。

听力练习

一、听第一遍录音,回答问题

6-2

1. 粉丝指什么样的人?举例说明。

   是狂热者、喜爱者、支持者的统一代名词。如,你喜欢一个演员就是他的粉丝。

2. 粉丝的痴迷和狂热表现在什么方面?

   某个明星成为粉丝们的"大众情人"、精神寄托,一举一动都受到关注。

3. 粉丝对明星造成哪些困扰?

   有些粉丝过于霸道,完全不顾明星的感受,甚至有人失去理智,危及明星的安全。

4. 粉丝和明星应该如何相处?

   当明星就要当个尊重粉丝的好明星,做粉丝也要做一个理智的好粉丝。

二、听第二遍录音,选择正确答案

6-2

1. 粉丝原本是指_____。(A)
2. 对粉丝们来说,明星就是他们的_____。(C)
3. 明星伤害粉丝的表现是_____。(B)
4. 粉丝们伤心落泪是因为_____。(D)
5. 明星和粉丝之间应该_____。(A)

三、根据录音,判断对错

1. 粉丝就是"追星族"。(错)
2. 你喜欢一个节目,就可以说是这个节目的粉丝。(对)
3. 典型的粉丝是相对于所有的明星而言的。(错)
4. 明星和粉丝之间很少产生矛盾。(错)
5. 粉丝要求明星签名、合影、公开私生活是正常的。(错)

四、听录音，选择相应的词语

1. 形容事物品类繁多，各式各样。	b. 形形色色
2. 做事马马虎虎，应付一下儿就算完。	a. 敷衍了事
3. 所处位置极高，也形容脱离群众。	f. 高高在上
4. 没有停止，没有结束。	c. 无休无止
5. 形容说话不谦虚、不客气，没有礼貌。	d. 出言不逊
6. 大家都欢欢喜喜。	e. 皆大欢喜

五、根据录音填空

　　有时是明星伤害了粉丝。有的粉丝毫不犹豫地扔下了自己的正经事儿而去疯狂追星，明星走到哪里就追随到哪里，以求得与偶像近距离接触的机会，付出不可谓不大。然而，有的明星却不拿这些铁杆粉丝当回事儿，他们的表演敷衍了事，活动不按时露面，即使来了也是一百个不情愿，高高在上的样子。而另一些明星呢，不好好儿珍惜自己的形象，做出违背社会基本价值的恶行，一旦真相大白，粉丝们不免伤心落泪，满腹怅然。

　　有时是粉丝妨碍了明星。有些粉丝过于霸道，完全不顾明星的感受，不单没完没了地要求签名、合影，稍有不如意就出言不逊。而另一些粉丝因为痴迷过度而失去了正常的理智，无休无止地纠缠，干扰明星的私生活，有人甚至因为追星而去犯罪、杀人。

口语练习

一、用所给词语或句式改写句子或完成句子

1. 相对于……而言

（1）中国人民的生活水平和前些年相比已经有了很大的提高，但和发达国家相比还是有相当大的差距。

　　中国人民的生活水平和前些年相比已经有了很大的提高，但相对于发达国家而言，还是有相当大的差距。

（2）一个人聪明还是笨是通过与他人比较才能看出的，没有绝对统一的标准。

　　一个人聪明还是笨是相对于他人而言的，没有绝对统一的标准。

第6课　明星的烦恼

（3）贵还是便宜是<u>相对于物品的价值而言的</u>，所谓一分价钱一分货。

（4）"情人眼里出西施"的意思是<u>在恋爱中相对于单纯的美貌而言，得到对方的喜爱更为重要</u>。

2. 倘若

（1）如果我可以再上一次大学，我一定努力学习，不再浪费时间。
<u>倘若可以再上一次大学，我一定努力学习，不再浪费时间</u>。

（2）如果来生我们再相遇，我一定不会让美好姻缘白白溜走。
<u>倘若来生我们再相遇，我一定不会让美好姻缘白白溜走</u>。

（3）<u>倘若那些灾难片不幸成为现实</u>，人类很可能会从地球上消失。

（4）<u>倘若人间没有音乐、没有绘画</u>，我们的生活该是多么乏味！

3. 以

（1）他诚恳地向朋友道歉，这样朋友就可能原谅他。
<u>他诚恳地向朋友道歉，以求得朋友的原谅</u>。

（2）在一个韩国的冬令营中，为了磨炼意志和品质，孩子们在冰天雪地里锻炼。
<u>在一个韩国的冬令营中，孩子们在冰天雪地里锻炼，以磨炼自己的意志和品质</u>。

（3）节日临近，警方加大了对酒后驾车的督察力度，<u>以确保民众的出行安全</u>。

（4）大学生们利用假期，积极参加社会实践活动，<u>以开阔眼界</u>。

4. 一旦

（1）酒后驾车后果很严重，轻则罚款拘留，重则车毁人亡。
<u>一旦酒后驾车，轻则罚款拘留，重则车毁人亡</u>。

（2）油库重地，严禁烟火，如果不小心发生大灾，后果将不堪设想。
<u>油库重地，严禁烟火，一旦发生火灾，后果将不堪设想</u>。

（3）专家认为，中国的房地产存在严重泡沫，<u>一旦泡沫破裂将会导致经济危机</u>。

（4）老年人最好和儿女同住,或去敬老院,否则<u>一旦突然发病就可能有生命危险</u>。

第二部分

"狗仔队"一词源自欧美,其中文翻译则来自中国香港。20世纪50年代,中国香港的便衣刑警因擅长追踪案件,被大家称为"小狗队"。后来,人们就借用这一称呼,创造出了"狗仔队"这一生动形象的词语,专指那些跟踪知名人士(如影视明星、政治人物、皇室成员、知名运动员等)的记者们。时至今日,狗仔队已经成为专门窥探名人隐私、炒作小道儿消息的无良记者们的代名词。这些像苍蝇一样的记者总是一天二十四小时紧盯社会名人,窥探其私生活,热衷于把名人的绯闻、丑闻作为独家报道的素材,以满足部分读者的低级趣味,作为他们的饭后谈资。

新闻记者的角色原本是提供信息,作为社会大众的守望者,但一些狗仔队却滥用公众给予的报道监督权。他们不甘于等待新闻、如实报道,而是去主动创造新闻、添油加醋。于是,一批批狗仔队聚集在演艺明星、社会名流四周,不单紧盯名人一天的行程,甚至从各种角度用高技术镜头拍摄明星的一举一动,以至于把诸如卧室、浴室的私密情景全都搬上媒体。在这种不择手段的恶意炒作、恶性竞争下,狗仔队与明星之间上演了一幕幕爱恨情仇,有时难免会造成意外。其中最为轰动的是,一群狗仔队飞车追逐英国黛安娜王妃的座车,最后酿成戴妃车毁人亡的悲剧事件。

明星、名流与传播媒体之间原本是共生互利的关系,理应互相包容才对。但狗仔队却制造了两者间的尖锐对立。于是,人们开始尝试用法律手段限制狗仔队的行为。2005年10月,艺人出身的美国加州州长施瓦辛格签署《反狗仔队法》,对"以非法手段取得名人照片者"处以高额罚金。

不过,也有学者反对制定《反狗仔队法》,认为应该由市场机制与社会进步形成的共识来淘汰无良的狗仔队。少数演艺人士也同意这种观点,他们认为,狗仔队还是有存在的必要,因为"多少有些监督功能"。

听力练习

一、听第一遍录音,回答问题

6-6　　1. 狗仔队是指什么人?
　　　　专指那些跟踪知名人士的记者们。

2. 狗仔队主要做些什么事情？

　　专门窥探名人隐私、炒作小道消息。

3. 黛安娜王妃发生车祸的主要原因是什么？

　　狗仔队飞车追逐黛安娜王妃的座车。

4. 狗仔队的存在有无必要？

　　有人推动立法限制狗仔队，但也有人认为它有存在的必要。

二、听第二遍录音，选择正确答案

6-6
1. "狗仔队"一词来自_____。（C）
2. 有些狗仔队一天用多长时间盯着名人？（D）
3. 狗仔队最感兴趣的新闻是明星的_____。（D）
4. 签署《反狗仔队法》的人是美国_____。（B）
5. "以非法手段取得名人照片者"将被_____。（C）

三、根据录音，判断对错

1. 中国香港的记者擅长报道事件，所以被称为"小狗队"。（错）
2. 狗仔队的新闻是为了满足读者不高尚的情趣。（对）
3. 狗仔队的行为是在使用正当的报道监督权。（错）
4. 黛安娜王妃死于狗仔队的追逐。（对）
5. 有些艺人认为狗仔队有必要存在。（对）

四、听录音，选择相应的词语

6-7

1. 低级庸俗的兴趣和品位。	d. 低级趣味
2. 道听途说的、非正式途径传播的消息。	a. 小道儿消息
3. 形容在叙述某事时，加上原来没有的内容。	e. 添油加醋
4. 为了达到目的，什么手段都可以使用。	c. 不择手段
5. 桃色新闻。	b. 绯闻
6. 文学、艺术等的原始材料。	f. 素材

五、根据录音填空

新闻记者的角色原本是提供信息,作为社会大众的<u>守望者</u>,但一些狗仔队却<u>滥用公众给予的报道监督权</u>。他们不甘于等待新闻、如实报道,而是去主动创造新闻、<u>添油加醋</u>。于是,一批批狗仔队聚集在演艺明星、<u>社会名流</u>四周,不单紧盯名人一天的行程,甚至从各种角度用高技术镜头拍摄明星的<u>一举一动</u>,以至于把诸如卧室、浴室的私密情景全都搬上媒体。在这种<u>不择手段</u>的恶意炒作、恶性竞争下,狗仔队与明星之间上演了一幕幕爱恨情仇,有时难免会造成意外。其中最为轰动的是,一群狗仔队飞车追逐英国黛安娜王妃的座车,最后酿成戴妃<u>车毁人亡</u>的悲剧事件。

口语练习

一、用所给词语或句式改写句子或完成句子

1. 源自 / 来自

（1）"China"一词最早是指中国的瓷器,后来才用来指中国。

<u>"China"一词源自 / 来自中国的瓷器,后来才用来指中国</u>。

（2）很多伟大的艺术品都是民间艺人们创造出来的。

<u>很多伟大的艺术品源自 / 来自民间艺人的创造</u>。

（3）中国名茶"碧螺春"的得名有一个古老的传说。

<u>中国名茶"碧螺春"的得名源自 / 来自一个古老的传说</u>。

（4）一个人的成功不是靠侥幸和运气,而是<u>源自 / 来自长期不断地努力</u>。

2. 热衷于

（1）很多女孩子对逛街购物特别有兴趣,这也是"月光族"的特点之一。

<u>很多女孩子热衷于逛街购物,这也是"月光族"的特点之一</u>。

（2）近些年来,这位企业家一直对帮助农村孩子上学很热心,已捐资建立了三所小学。

<u>近些年来,这位企业家热衷于帮助农村孩子上学,已捐资建立了三所小学</u>。

（3）现在各种减肥药都很畅销，这是因为<u>不少人热衷于吃减肥药保持体型</u>。

（4）现在的年轻人<u>热衷于展示自我，微信朋友圈、抖音这样的网络平台很受欢迎</u>。

3. 不单……甚至……以至于……

（1）很多家长"望子成龙"心切，孩子们不光平时要参加各种兴趣班，连周末也不能休息，使得一些孩子出现了厌学情绪。
<u>很多家长"望子成龙"心切，孩子们不单平时要参加各种兴趣班，甚至周末也不能休息，以至于一些孩子出现了厌学情绪</u>。

（2）这个地区不但没有公路，不通火车，连饮水都成问题，姑娘们都尽力往外嫁，出现了一些"光棍村"。
<u>这个地区不单没有公路，不通火车，甚至连饮水都成问题，姑娘们都尽力往外嫁，以至于出现了一些"光棍村"</u>。

（3）孩子太早出国留学弊大于利，<u>他们中的许多人不单无法解决学业问题，甚至连衣食住行也难以应付，以至于有些人出现心理疾病</u>。

（4）我反对未婚同居，<u>因为这不单违背中国的传统家庭伦理，甚至连双方的一些基本权益也得不到保护，以至于最终一地鸡毛、爱人变仇人</u>。

4. 难免

（1）他刚走出校门，经验不足，工作中会出现一些问题。
<u>他刚走出校门，经验不足，工作中难免会出现一些问题</u>。

（2）两个性格不同、家庭背景也有差别的人结成夫妻，怎么可能不发生矛盾呢？
<u>两个性格不同、家庭背景也有差别的人结成夫妻，难免会发生矛盾</u>。

（3）留学生到了一个新的国家，语言不通，<u>难免会遇到沟通上的障碍</u>。

（4）这种技术目前还不太成熟，<u>难免会出现一些小故障</u>。

第7课 蒙娜丽莎的微笑

第一部分

一般说来，人的笑容主要表现在眼角和嘴角上，可是达·芬奇却把《蒙娜丽莎》的这些部位画得若隐若现，从而形成了令人捉摸不定的"神秘的微笑"。当你凝视着《蒙娜丽莎》时，有时会觉得她的笑容优雅而舒畅，有时却又显得忧郁而略带几分哀伤……500多年来，对于蒙娜丽莎的神秘微笑，由于观赏的角度不同，观者的感受似乎也不尽相同。

美国的约瑟夫博士认为：蒙娜丽莎根本就没笑，她的面部表情很典型地说明她想遮掩自己没长门牙。

法国的脑外科专家让·雅克博士认为：从蒙娜丽莎的相貌可以看出她刚中过一次风，因为她半个脸的肌肉是松弛的，脸歪着，所以才显得在微笑。

英国医生肯尼思博士则相信蒙娜丽莎怀孕了。他的根据是她的脸上流露出心满意足的表情，皮肤鲜嫩，双手交叉着放在腹部。

还有一种近乎无稽之谈的说法：她的表情就像吃了苯乙胺似的，显得很陶醉，这是吃完巧克力后人体内所产生的一种欢愉激素。不过这种说法很少有人相信，因为当时还没有巧克力呢。

相对而言，哈佛大学神经科学专家利文斯通博士的解读就比较有说服力，他认为：蒙娜丽莎的微笑时隐时现，不是因为画中人物表情神秘莫测，而是与人体视觉系统有关。他解释说，人的眼睛里有两个接收影像的部分。中央部分，即视网膜上的浅窝负责分辨颜色和细致印记，环绕浅窝的外围部分则留意黑白、动作和阴影。当人们的中央视觉放在蒙娜丽莎的双眼时，外围视觉便会落在她的嘴巴上。由于外围视觉并不注重细微之处，所以其颧骨部位的阴影就突显出来了，笑容的弧度也随之变大了。然而，当人们把视线集中在蒙娜丽莎的嘴巴上时，由于中央视觉看不到阴影，她的笑容也就捕捉不到了。由此，利文斯通博士认为：蒙娜丽莎的笑容之所以若隐若现，是源于人们目光位置的不断转变。

第 7 课　蒙娜丽莎的微笑

听力练习

一、听第一遍录音，回答问题

7-2
1. 关于蒙娜丽莎的微笑有哪些看法？试举一两个例子。
   掩饰没门牙，中过风，怀孕，吃了巧克力等。

2. 为什么大家对蒙娜丽莎的微笑看法会有不同？
   由于观赏的角度不同，观者的感受似乎也不尽相同。

3. 利文斯通博士的解读是怎样的？
   不是因为画中人物表情神秘莫测，而是与人体视觉系统有关。

4. 人的眼睛接收影像的部分可以分为什么？
   两个部分，即中央部分和外围部分。

二、听第二遍录音，选择正确答案

7-2
1. 人的笑容主要表现在什么部位？（A）
2. 约瑟夫博士认为蒙娜丽莎是在遮掩_____。（B）
3. 让·雅克博士认为蒙娜丽莎的相貌显示她_____。（B）
4. 录音中提到，有人认为蒙娜丽莎的表情显得很陶醉是因为_____。（C）
5. 人的眼睛什么时候可以看到蒙娜丽莎的笑容？（B）

三、根据录音，判断对错

1. 蒙娜丽莎的微笑令人捉摸不定。（对）
2. 虽然观赏者的角度不同，但感受是相同的。（错）
3. 蒙娜丽莎双手交叉放在腹部是因为吃了巧克力。（错）
4. 人眼中负责分辨颜色和细致印记的是中央部分。（对）
5. 由于人的位置不同，所以蒙娜丽莎的微笑若隐若现。（错）

四、听录音,选择相应的词语

1. 形容隐约可以看见,又似乎看不清楚的样子。	d. 若隐若现
2. 猜不透,不能准确地猜测。	e. 捉摸不定
3. 不太一样,有差异。	f. 不尽相同
4. 心愿得到了满足。	a. 心满意足
5. 没有根据的言论或说法。	b. 无稽之谈
6. 非常神秘,没有办法猜测。	c. 神秘莫测

五、根据录音填空

1. 一般说来,人的笑容主要表现在<u>眼角</u>和<u>嘴角</u>上,可是达·芬奇却把《<u>蒙娜丽莎</u>》的这些部位画得<u>若隐若现</u>,从而形成了令人<u>捉摸不定</u>的"神秘的微笑"。当你<u>凝视</u>着《<u>蒙娜丽莎</u>》时,有时会觉得她的笑容<u>优雅</u>而舒畅,有时却又显得<u>忧郁</u>而略带几分<u>哀伤</u>……500多年来,对于蒙娜丽莎的神秘微笑,由于观赏的角度不同,观者的感受似乎也<u>不尽相同</u>。

2. 蒙娜丽莎的微笑<u>时隐时现</u>,不是因为画中人物表情<u>神秘莫测</u>,而是与人体<u>视觉系统</u>有关。

口语练习

一、用所给词语或句式改写句子或完成句子

1. 从而

(1) 由于医疗技术水平日益提高,医疗卫生体制逐渐健全,这样一来,大大提高了人们的平均寿命。

<u>由于医疗技术水平日益提高,医疗卫生体制逐渐健全,从而大大提高了人们的平均寿命。</u>

(2) 政府在农村实行了减免税收、提高农产品价格等政策,由此激发了农民种地种粮的积极性。

<u>政府在农村实行了减免税收、提高农产品价格等政策,从而激发了农民种地种粮的积极性。</u>

(3) 幸亏你及时排除了事故隐患,<u>从而避免了重大事故的发生。</u>

（4）为了应对金融危机，各国政府采取了一系列措施，<u>从而最大限度地减少了危机对本国经济造成的冲击</u>。

2. 有时……，有时却……

（1）这家游乐园的哈哈镜厅有十几面镜子，同一个人的镜像有的苗条细长，有的短粗矮胖。

<u>这家游乐园的哈哈镜厅有十几面镜子，同一个人的镜像有时苗条细长，有时却短粗矮胖</u>。

（2）一个人的心境会随着天气和环境的不同而有所变化，或者欢快欣然，或者压抑郁闷。

<u>一个人的心境会随着天气和环境的不同而有所变化，有时欢快欣然，有时却压抑郁闷</u>。

（3）有人说，孩子是天使和恶魔的混合体，<u>有时乖巧可爱，有时却让人抓狂</u>。

（4）由于心理素质不过硬，他的成绩忽好忽坏，<u>有时排名前三，有时却排名垫底</u>。

3. 由于……不同，……也不尽相同

（1）因为文化背景不同，东西方在人生观和价值观上的看法也不太一样。

<u>由于文化背景不同，东西方在人生观和价值观上的看法也不尽相同</u>。

（2）由于性别不同，男女双方对爱情和婚姻的态度也有所区别。

<u>由于性别不同，男女双方对爱情和婚姻的态度也不尽相同</u>。

（3）由于从小生长环境的不同，<u>人们观察世界的角度也不尽相同</u>。

（4）<u>由于每个人身处的位置不同</u>，处理财产的做法也不尽相同。

4. （之所以……），是源于……

（1）这次在世界范围内发生金融危机，主要是因为美国发生了次贷危机。

<u>这次之所以在世界范围内发生金融危机，是源于美国发生了次贷危机</u>。

（2）中华文明在世界上的影响越来越广泛，是因为中华几千年的历史和文化积淀。

<u>中华文明之所以在世界上的影响越来越广泛，是源于中华几千年的历史和文化积淀</u>。

（3）中东地区局部冲突和战争不断，<u>是源于对土地和石油资源的争夺</u>。

（4）他们两个人之间冲突不断，<u>是源于由来已久的矛盾，难以调和</u>。

第二部分

　　整容只是女人的事儿？这个观念现在已经过时了。当人们还在为"人造美女"之事争论不休的时候，一些男人也跳了出来，叫嚷着要做"人造美男"。不要以为这只是某些哗众取宠的男人在进行炒作，实际上已有越来越多的男人走进了美容院，去垫一个汤姆·克鲁斯的鼻子，或者阿兰·德龙的下巴，重塑一个全新的自己……

　　有关方面的调查显示，整容已逐渐成为男士们追求时尚潮流的一大热点。以前男性整容者的比例只占10%，如今每5个整容的人中就有1个是男性，占了所有整容者的20%。中国医学科学院整形外科医院每天都有10名左右的男士前来做整容手术。

　　据统计，来做整容手术的男性中90%以上从事的是与人打交道的职业，基本上可以分为四大类：第一部分是学习表演的学生一族，整容被他们认为是美好前途的铺路石；第二部分是从事演艺事业的男性，这些人中很多是由自己的经纪人陪着来做整容；第三部分是"野蛮女友"的男友们，他们往往是为了讨女朋友的欢心，把自己改造成女友们喜欢的男星模样；第四部分是40至50岁之间的男士，他们主要是来做一些改善衰老状态，使自己显得更年轻的整容手术。

　　虽然几乎所有的女性整容项目都有男性尝试，但男士整容的部位还是以下巴和鼻子为主，占据了男性整容者的一半以上。

　　另外，对于那些希望通过整容恢复青春的中年男性来说，植发、去除鱼尾纹和抬头纹、去眼袋、吸下巴、腹部抽脂等，都是他们经常选择的项目。

第 7 课　蒙娜丽莎的微笑

听力练习

一、听第一遍录音，回答问题

1. 中国已经进入"人造美男"时代了吗？
   可以这么说，因为男性占了所有整容者的 20%。

2. "人造美男"大部分是从事什么职业的？
   90% 以上从事与人打交道的职业。

3. 去整容的男士基本可以分为几大类？
   四大类：学习表演的学生，演员，"野蛮女友"的男友，40 至 50 岁的男士。

4. 男士整容大部分集中在哪几个部位？
   下巴和鼻子。

二、听第二遍录音，选择正确答案

1. 一些男人要做"人造美男"是为了＿＿＿＿。（B）
2. 男士们做整容最多的部位是＿＿＿＿。（B）
3. 现在整容的男士占所有整容者的比例是＿＿＿＿。（B）
4. "野蛮女友"是指＿＿＿＿。（D）
5. 中年男士整容是为了＿＿＿＿。（D）

三、根据录音，判断对错

1. 人们在为"人造美男"之事争论不休。（错）
2. 整容已经成为男士们追求时尚潮流的热点。（对）
3. 来整容的主要是正在找工作的学生一族。（错）
4. 来整容的演艺界人士很多是由家人陪同来的。（错）
5. "野蛮女友"的男朋友要整成女朋友喜欢的模样。（对）

四、听录音，选择相应的词语

7-7

1. 给有缺陷的或自己不满意的身体部位施行手术，使其变得美观。	f. 整容
2. 各执己见，互相辩论，一直不停。	c. 争论不休
3. 用言论和行动迎合众人的喜好，来博得好感和拥护。	b. 哗众取宠
4. 为扩大人物或事物的影响而通过媒体反复做宣传。	a. 炒作
5. 铺设道路所用的石子。比喻为做某事创造条件。	e. 铺路石
6. 促成双方买卖或合作，从中取得佣金的人。	d. 经纪人

五、根据录音填空

7-8

　　<u>整容</u>只是女人的事儿？这个观念现在已经<u>过时</u>了。当人们还在为"人造美女"之事争论不休的时候，一<u>些</u>男人也跳了出来，<u>叫嚷</u>着要做"人造美男"。不要以为这只是某些哗众取宠的男人在进行炒作，实际上已有越来越多的男人走进了美容院，去垫一个汤姆·克鲁斯的鼻子，或者阿兰·德龙的<u>下巴</u>，<u>重塑</u>一个全新的自己……

　　有关方面的<u>调查显示</u>，整容已逐渐成为男士们追求时尚潮流的一大<u>热点</u>。以前男性整容者的比例只占 10%，<u>如今</u>每 5 个整容的人中就有 1 个是男性，<u>占</u>了所有整容者的 20%。中国医学科学院整形外科医院每天都有 10 名<u>左右</u>的男士前来做整容手术。

口语练习

一、用所给词语或句式改写句子或完成句子

1. 当……的时候

（1）如果你不清楚怎么办，最好不要轻易做出决定。
　　<u>当你不清楚怎么办的时候，最好不要轻易做出决定</u>。

（2）二十年前我还是个大学生，那时候图书馆里还没有电脑，更不要说上网了。
　　<u>二十年前，当我还是个大学生的时候，图书馆里还没有电脑，更不要说上网了</u>。

（3）当我还是个孩子的时候，<u>父母就为了生活外出打工了，把我留在了家乡</u>。

（4）当你面对困难的时候，<u>一定不要气馁，要有战胜困难的决心和勇气</u>。

2. 不要以为……，实际上……

（1）你觉得事情做得非常隐秘，没有人知道，其实世上没有不透风的墙。

不要以为你事情做得非常隐秘，没有人知道，实际上世上没有不透风的墙。

（2）微型汽车看起来很省油，其实它的耗油量和一般的汽车差不多。

不要以为微型汽车很省油，实际上它的耗油量和一般的汽车差不多。

（3）不要以为你闯一下红灯没什么，实际上是对自己生命安全的不负责任。

（4）不要以为他是孩子就可以哄骗他，实际上孩子要比你想象的更聪明。

3. 虽然……，但……还是……

（1）安眠药对失眠很有效，可是我还是认为通过改善饮食、加强运动等方法自然入睡更利于身体健康。

虽然安眠药对失眠很有效，但我还是认为通过改善饮食、加强运动等方法自然入睡更利于身体健康。

（2）现在服务业越来越发达，餐厅比比皆是，不过我还是喜欢自己亲手做出美味佳肴。

虽然现在服务业越来越发达，餐厅比比皆是，但我还是喜欢自己亲手做出美味佳肴。

（3）虽然家用电器给人们提供了极大的方便，但我还是觉得手工劳动是必不可少的。

（4）虽然她觉得小李并不完美，有这样那样的缺点，但她还是觉得小李是她的"白马王子"。

4. 以……为主　占据/达到……

（1）诺贝尔奖得主主要来自欧美国家，其中美国的获奖者超过了三分之一。

诺贝尔奖得主以欧美国家为主，其中美国的获奖者占据了三分之一以上。

（2）中国的通信公司主要是中国移动和中国联通，覆盖了大半个通信市场。

中国的通信公司以中国移动和中国联通为主，占据了大半个通信市场。

（3）近些年，中国的大豆主要依赖进口，占据进口粮食总量的80%左右。

（4）在外语院校，男女性别差距比例越来越大，学生以女生为主，有的甚至达到了80%。

第8课 做情感的主人

第一部分

你一定有过这样的冲动时刻：内心控制不住地想发火，但又不知道该如何宣泄。此时，不妨从细枝末节中摆脱出来，试图找出问题的核心，从而真正地摈除心中的阴云。

节制自己失控的情绪是个永恒的话题。传统的方式，诸如克制、发泄或转移愤怒，顶多是帮我们维持表面的心理平衡。要真正做到有效管理，与其治标不如治本，这就需要排除种种干扰，深入辨析情绪之中的奥妙，找到问题的根源：情绪是怎么产生的？关键因素何在？

欢欣、亢奋、愤怒、怨恨、忧郁、恐惧、惊讶、羞耻、内疚、钦慕、爱恋、崇拜……情绪到来时，我们能否自然而然地感觉到？我们对情绪的敏感度千差万别：有人几乎麻木，情绪似乎在其内心消失得无影无踪；有人是产生下意识的感官感觉——头疼、背痛等；有人能触摸到自己的情绪，但却难以用言语来形容；只有为数不多的人能确切体悟到自己的喜怒哀乐及其本源。这种感受力与对情绪的态度有关。情绪并非深不可测，它总是能准确地传递内心的信息，必须仔细聆听这种心灵的呼唤，若是把自己的能量看作是理性、情绪、意志等"团队合作"的结果，你就不会刻意压制对情绪的感知。

心理学家对情绪有种种归类，如最为常见的积极情绪、消极情绪。最新的分类与定义方式是根据功能进行的：核心情绪是此时此地的真实感受，是一切心理冲动的主旋律，其他情绪则总是以此为基础，仅仅只是伴音：愤怒之下可能有委屈；委屈之下可能有伤心；伤心背后却是一份得不到的重视和关爱。只有触及核心情绪，过滤那些可有可无的因素，才容易进行有效的情绪管理。就像很多事情，20%是关键所在，但这20%却决定了100%的结果。

找到核心情绪之后，控制情绪就不是奢望，可以有针对性地采取许多有效的方式来进行自我管理，诸如：进行认知重构，找到事件的本源；学会适当表达情绪，抓住要点；了解自己和他人内心的情感需要，倾听或倾诉。总之，情绪管理好了，可以显

第8课　做情感的主人

得心闲气定、宽容大度、处事灵活，不去事事较劲儿、过分挑剔，激起对方的逆反心理，即使遇到他人态度恶劣时，也能柔和、幽默地加以化解，而不是暴跳如雷、以牙还牙。

听力练习

8-2

一、听第一遍录音，回答问题

1. 冲动、情绪快失控时，情绪管理的要点是什么？

   从细枝末节中摆脱出来，试图找出问题的核心。

2. 请列举至少 5 个你听到的和情绪有关的词语。

   欢欣、亢奋、愤怒、怨恨、忧郁、恐惧、惊讶、羞耻、内疚、钦慕、爱恋、崇拜

3. 人们在情绪的敏感度方面有怎样的差别？

   对情绪的敏感度千差万别：有人几乎麻木；有人产生下意识的感官感觉；有人能触摸到自己的情绪，但却难以用言语来形容；只有为数不多的人能确切体悟到。

4. 心理学家怎样根据功能对情绪进行分类和定义？

   心理学家根据功能进行分类与定义：核心情绪是此时此地的真实感受，是一切心理冲动的主旋律，其他情绪则总是以此为基础，仅仅只是伴音。

二、听第二遍录音，选择正确答案

8-2

1. 以下和情绪的敏感度无关的词是_____。（A）
2. 据最新研究，有效情绪管理的要点是_____。（A）
3. 核心情绪是_____。（D）
4. 以下哪个词和自我情绪管理无关_____。（B）
5. 管理好情绪后，你会_____。（C）

三、根据录音，判断对错

1. 控制情绪最重要的是抓住每一个细枝末节。（错）
2. 情绪很低落时有人会下意识地感觉头疼。（对）
3. 情绪总是能准确地传递你的内心信息。（对）

57

4. 核心情绪是此时此地心理冲动的主旋律。（对）

5. 人们对情绪的感受力是基本相同的。（错）

四、听录音，选择相应的词语

8-3

1. 故意闹别扭，让自己和别人都不舒服。	d. 较劲儿
2. 故意和某人或大多数人的意愿相反，多发生在青少年中。	c. 逆反心理
3. 否定、反面、不良的情绪。	b. 消极情绪
4. 极度激动、兴奋时失去控制自己情绪的能力。	a. 情绪失控
5. 泛指人的各种不同的情绪。	f. 喜怒哀乐
6. 受到不该有的指责或待遇时的情绪。	e. 委屈

五、根据录音填空

8-4

情绪到来时，我们<u>能否</u>自然而然地感觉到？我们对情绪的<u>敏感度</u>千差万别：有人几乎<u>麻木</u>，情绪似乎在其内心消失得无影无踪；有人是产生<u>下意识</u>的感官感觉——头疼、背痛等；有人能<u>触摸</u>到自己的情绪，但却难以用言语来<u>形容</u>；只有为数不多的人能确切<u>体悟</u>到自己的喜怒哀乐及其<u>本源</u>。

口语练习

一、用提示词语改写句子或补充完整

1. 与其……不如……

（1）学校食堂不算贵，在食堂吃比自己做更好。
<u>学校食堂不算贵，与其自己做不如在食堂吃。</u>

（2）现在是晚高峰，坐地铁比打出租车更好。
<u>现在是晚高峰，与其打出租车不如坐地铁。</u>

（3）这栋建筑虽然名声在外，但历史并不悠久。
<u>这栋建筑与其说历史悠久，不如说只是名声在外而已。</u>

（4）这个大公司虽然待遇很好，但竞争激烈，<u>与其去这种竞争激烈的大公司，不如找一家能发挥自己专长的中小企业。</u>

2. 并非

（1）这项任务相当艰巨，不过，好好儿准备还是可以完成的。
    <u>这项任务相当艰巨，好好儿准备，并非不可以完成的</u>。

（2）虽然爸爸对我要求很严格，但他是个通情达理的人，可以跟他好好儿商量。
    <u>虽然爸爸要求严格，但他并非是个不通情达理的人，可以跟他好好儿商量</u>。

（3）虽然现在我还是个学生，没有什么经验，<u>但经验并非做好工作的唯一条件</u>。

（4）汉字确实有点儿难，<u>但并非不可战胜</u>。

3. 则

（1）100元对北京孩子来说可能只是一顿饭钱，可是对贫困地区的孩子来说这是一个星期的花销。
    <u>100元对北京孩子来说可能只是一顿饭钱，可是对贫困地区的孩子来说则是一个星期的花销</u>。

（2）你在家里想怎么样就怎么样，在外边要注意别人的感受。
    <u>你在家里想怎么样就怎么样，在外边则要注意别人的感受</u>。

（3）上大学时有困难可以请父母帮助，<u>而大学毕业参加工作后则不应继续啃老</u>。

（4）智商高的人容易成为某个行业的专家，<u>而情商高的人则适合担任行政工作</u>。

4. 诸如

（1）刚刚到国外留学会有许多困难：语言不通，饮食不习惯，远离家人。
    <u>刚刚到国外留学会有许多困难，诸如：语言不通，饮食不习惯，远离家人</u>。

（2）快餐食品要符合诸多条件：烹调简便，批量生产，可标准化管理，不易变质，易于储存。
    <u>快餐食品要符合诸多条件，诸如：烹调简便，批量生产，可标准化管理，</u>

不易变质，易于储存。

（3）生活在大城市有大城市的烦恼，可搬到小地方也有小地方的不便，诸如：熟人社会，没有个人隐私；生活乏味，每天千篇一律。

（4）"高大快"的生活工作模式后果很严重，诸如：精神压力大，容易产生心理疾病；生活节奏过快，长期过度疲劳会严重伤害人们的健康。

第二部分

人们一度认为，一个人能否在一生中取得成就，智力水平是第一位的，即智商（IQ）越高，取得的成就越大。因此，无论是在家庭中还是在社会上，聪明的孩子往往受到偏爱。但近年来却出现了另一种趋势，心理学家们普遍认为，情商（EQ）的高低对人生也有着重大的影响，有时其作用甚至要超过智商，许多人哪怕智商并不出众也能凭着良好的情商而获得不凡的成就。

情商主要包括以下几个方面：一是自我认知，因为只有正确认识自己，才能成为生活的主宰；二是自我调控，能妥善管理自己的情绪；三是自我激励，在遭遇困难时也能不灰心丧气，并走出低潮，重新出发；四是注重他人，在社会生活中与人正常交往、顺利沟通、共同分享；五是人际关系的管理，即领导和管理能力。

情商不像智商那样可用数据表示出来，它一般根据综合表现进行判断。情商水平高的人通常具有如下的特点：精神饱满；外向而愉快，不易陷入恐惧或伤感；对事业较投入；社交能力强；富于同情心；情感生活丰富但不至于错位；无论是独处还是与他人在一起时都能怡然自得。

一个人是否具有较高的情商，和幼年时期的人际互动、教育培养有着密切的关系，因此，培养情商应从摇篮开始。据调查，约70%—80%智力差异源于遗传基因，而相对来说，情商无须超人的天赋，它主要是一种有规律可循且熟能生巧的技能。

智商主要反映大脑先天的思维能力，其作用在于更好地认识事物。智商高的人，更容易成为某个领域的专家，政治家、学者、法官、律师、医生等大多是高智商的人。情商主要与非理性因素有关，它通过兴趣、意志、毅力等，使其成为加强或弱化认识事物的驱动力，同时，也能较好地把握和调节自我和他人的情感。情商较高的人，效率虽然可能不如高智商者，但是，随着岁月的流逝，他们往往比高智商者生活得更为成功。因为一方面勤能补拙，生活工作中的大多数技能并不需要多么出众的智力；另一方面，由于自我定位客观理智，具有较健康的情绪、较良好的人际关系，他们更为社会所吸纳与接受。

听力练习

一、听第一遍录音，回答问题

8-6
1. 情商主要包括几个方面？
   一是自我认知，二是自我调控，三是自我激励，四是注重他人，五是人际关系的管理。

2. 情商高的人具有哪些性格特点？
   精神饱满，外向而愉快，对事业较投入，社交能力强，富于同情心，情感生活丰富但不至于错位，无论是独处还是与他人在一起时都能怡然自得。

3. 情商高低主要和什么因素有关？
   和幼年时期的人际互动、教育培养有着密切的关系。

4. 智商高和情商高各有什么优势？
   智商高的人更容易成为某个领域的专家，情商高的人更容易为社会所吸纳与接受。

二、听第二遍录音，选择正确答案

8-6
1. 情商不包括以下哪个方面？（B）
2. 情商是根据什么来判定的？（A）
3. 提高情商和以下哪一项有关？（C）
4. 情商高的人为何能够更好地适应社会环境？（D）

三、根据录音，判断对错

1. 智商越高成就越大。（错）
2. 情商有时对人生的影响要超过智商。（对）
3. 情商和智商通常都用数据分析来显示。（错）

4. 培养智商越早开始越好。（错）

5. 智商高的人先天的思维能力较强。（对）

四、听录音，选择相应的词语

8-7

1. 特别喜欢某一个。	d. 偏爱
2. 意识中对事物或现象的感知与认识。	c. 认知
3. 因为困难或失败而沮丧、意志消沉。	b. 灰心丧气
4. 快乐自在的样子。	a. 怡然自得
5. 坚强持久的意志。	f. 毅力
6. 非常专心、认真。	e. 投入

五、根据录音填空

8-8

情商主要<u>包括</u>以下几个方面：一是自我<u>认知</u>，因为只有正确认识自己，才能成为生活的<u>主宰</u>；二是自我<u>调控</u>，能<u>妥善</u>管理自己的情绪；三是自我<u>激励</u>，在遭遇困难时也能不灰心丧气，并走出<u>低潮</u>，重新出发；四是<u>注重</u>他人，在社会生活中与人正常交往、顺利<u>沟通</u>、共同<u>分享</u>；五是人际关系的管理，<u>即</u>领导和管理能力。

口语练习

一、用所给词语或句式改写句子或完成句子

1. 即

（1）他很善于把合适的人放在合适的位置，也就是说，在管理上他很有天赋。
<u>他很善于把合适的人放在合适的位置，即在管理上他很有天赋。</u>

（2）今天是农历三伏的第一天，也就是说，一年中最闷热的日子开始了。
<u>今天是农历三伏的第一天，即一年中最闷热的日子开始了。</u>

（3）在不利的情况下和敌人做最后的决战，<u>即背水一战</u>。

（4）我们应该理解、体谅、关心家人，因为家人<u>即我们生命的意义所在</u>。

2. 哪怕……也……

(1) 即使我已经在北京生活了30年，可还是受不了豆汁儿的酸味儿。
哪怕我已经在北京生活了30年，也还是受不了豆汁儿的酸味儿。

(2) 即使你并不喜欢这份工作，可是为了满足父母的心愿，也应该去试试。
哪怕你并不喜欢这份工作，可是为了满足父母的心愿，也应该去试试。

(3) 既然已经答应了，哪怕再困难，也要尽最大努力。

(4) 只要自己已经努力过了、尽力了，哪怕最后失败了心里也不会有遗憾。

3. 陷入

(1) 看着桌子上的来信，他进行了长时间的思考。
看着桌子上的来信，他陷入了长时间的思考。

(2) 最近他爱上了一个女孩儿，可那个女孩儿已经有了男朋友，所以他陷入了三角恋。

(3) 世界经济已经陷入了金融危机之中，复苏之日遥遥无期。

(4) 我早就看穿他的企图，他别想让我们陷入困境。

4. 一方面……另一方面……

(1) 他学习成绩好是因为他非常努力，而且学习方法也很好。
他学习成绩好一方面是因为他非常努力，另一方面是因为学习方法很好。

(2) 我们赢球是因为运气好，同时对手也不太习惯这里酷热的天气。
我们赢球一方面是因为运气好，另一方面对手也不太习惯这里酷热的天气。

(3) 要保持身体健康，一方面要养成良好的生活习惯，另一方面要定期体检，防患于未然。

(4) 具有良好的情商，一方面可以融入社会，做个受大家欢迎的人，另一方面可以心态平和，生活幸福美满。